箱根駅伝
100年史

Kudo Ryuichi
工藤隆一

KAWADE夢新書

世代を超えて熱くなれる箱根駅伝「100年」の軌跡◉はじめに

考えてみると「箱根駅伝」は不思議なスポーツ・イベントである。正式名称は「東京箱根間往復大学駅伝競走」で、主催は「関東学生陸上競技連盟」。略して「関東学連」といわれるこの組織は「公益財団法人日本陸上競技連盟」の下部組織である「公益社団法人日本学生陸上競技連合」のそのまた下の団体で、北海道、東北、北信越、東海、関西、中国・四国、九州と同格の一地方組織だ。

含まれる都県は東京、神奈川、千葉、埼玉、茨城、栃木、群馬のいわゆる関東1都6県プラス山梨。こういっては失礼かもしれないが、単なる大学生（大学院、短期大学、高等専門学校4年生と5年生を含む）の〝関東大会〟にしかすぎないのである。

いわゆる大学の「三大駅伝」は、この「箱根」と「秩父宮賜杯全日本大学駅伝対校選手権大会」「出雲全日本大学選抜駅伝競走」だが、「全日本」も「出雲」も、大会の主催者は「日本学生陸上競技連合」で「関東学連」の上部団体だ。

確かに「全日本」は1970（昭和45）年、「出雲」は1989（平成元）年から始まった大会なので、歴史的には「箱根」に軍配が上がるのだが、でも、組織論からすれば、やはり一部の学生だけしか参加できない地方の大会なのである。

しかし、実際のイベント・スケールはとても「関東ローカル」の大会ではない。毎年1月2日、3日の2日間にわたって行われる本戦は、参加20校のスタートからゴールまで、1日7時間近くが生放送でテレビ中継（日本テレビ系列の29局ネット）され、視聴率は常に25%以上の数字を叩き出している、日本を代表する「国民的」なスポーツ・イベントなのだ。他のスポーツ競技でも、これほど全国的に脚光を浴びている「地方大会」など他にはない。

さらに不思議なことは、この大会はスポーツ・イベントには必ずついてまわる「スーパーヒーロー」が、過去もそして最近もいないのである。

1977（昭和52）年から1980（昭和55）年まで早稲田大の2区を走った瀬古利彦はスーパーヒーローだったかもしれないが、一般の国民は「箱根」よりもむしろ日本を代表する金メダルを狙えるマラソン・ランナーとして彼を見ていたのではないか。

2005（平成17）年の第81回大会の5区で驚異の区間新記録を樹立した今井正人（順天堂大）、さらに4年後の第85回大会の柏原竜二（東洋大）は「山の神」の愛称とともに人口に膾炙したかもしれないが、高校野球の「ハンカチ王子」（斎藤佑樹）や「マー君」（田中将大）のように、ワイドショー番組がこぞって取り上げるようなスーパーヒーローではなかったと思う。

さらに、参加する大学もけっして名の知れ渡ったブランド校だけではない。同じ大学スポーツでは1980年代のラグビー、とくに早稲田大、明治大、慶應義塾大などの東京六大学が人気となり、当時の国立競技場を満員にしたが「箱根駅伝」の優勝校は、あのときの早・明・慶のような華やかさはない。昨今、青山学院大が目立っているが、過去の優勝回数ベスト5は、中央大、早稲田大、日本大、順天堂大、日本体育大と、早稲田大以外はけっこう地味な（失礼）大学が名を連ねている。

しかし、いまや「箱根駅伝」は日本のお正月にはなくてはならない、お雑煮や初詣のような「ニッポンのお正月の決まり物」のようになってしまった。

おそらく「襷をつなげる」に象徴される、個人競技でありながら団体競技でもある点が日本人の感性に響くのかもしれない。さらに開催日時が正月の2日、3日というのもテレビ観戦向きのイベントなのだろう。

ただし、開催日時が1月2日と3日に固定されたのは比較的新しく、戦後、1955（昭和30）年の第31回大会からで、別に主催者が意図したわけではなく、警察からの「交通量の少ない日にしてほしい」との要望を受け入れたからなのだ。結果的にこの日程変更も、今日の人気につながる要因のひとつになっている。

そして、コース設定。都会からやがて郊外に出て、湘南の海辺を走り、最後は箱根の山を登り、鳥居をくぐってゴールに至るコースは、図らずも、日本という国を象徴している設定にもなっている。

そのような何とも不思議な「箱根駅伝」が2024（令和6）年で100回目を迎える。なぜ、この駅伝が始まったのか、そして過去にどんな紆余曲折、喜怒哀楽があって今日に至っているのか。

本書は、競技の歴史をひも解いていくと同時に、その時代時代のエピソードを集め、テレビ桟敷でも、沿道へ出ての応援でも、「箱根駅伝」観戦がより面白く、楽しいものになっていただければと考え、まとめてみた。「観戦の友」として読んでいただければ幸甚である。

工藤隆一

箱根駅伝100年史／もくじ

箱根駅伝・歴代優勝校 13
箱根駅伝コース図 18

1章──箱根駅伝、その夜明け前

◉1917年〜1919年

箱根駅伝の「原点」は、どこにあるのか？ 20
五輪の悔しさが生んだ金栗四三の執念 24
「アメリカ大陸横断の予選」だった箱根駅伝 27
なぜ、東京─箱根間に白羽の矢が立ったのか？ 30
開催実現に奔走した協力者たち 33

2章──号砲鳴る。伝統の継走がスタート
◉1920年(第1回)～1931年(第12回)
第1回のスタートが「午後1時」だった理由 36
箱根の山道は「自由走行区間」だった? 39
往路最終走者は「午後9時53分」にゴール 42
警察官がランナーと一緒に走り出した 45
前代未聞!「選手替え玉事件」の真相とは 48
冬の風物詩が「4月」に開催された! 51

3章──戦雲の下、つながれた襷
◉1932年(第13回)～1943年(第22回)
オリンピアンが「箱根」から続々と誕生 56
東京五輪の盛り上がりのなか、軍靴の足音が 59
「駅伝有害論」が突如、沸き起こった 64
戦争で消えかかった箱根駅伝の灯 67

戦火のなかで行われた〝最後〟の箱根駅伝　70
学徒として出陣し、還らなかった選手たち　74

4章——混乱に耐えて、新春の風物詩に

◉1947年（第23回）～1965年（第41回）

選手は寄せ集めでも、駅伝がみごと復活　80
アクシデント続発の要因となった食糧事情　84
映画監督・篠田正浩「花の2区」を走る　88
ラジオ中継の開始で駅伝人気は不動に　93
「1月2日、3日開催」に固定されたわけとは　96
徐々に消えていく戦前の箱根駅伝らしさ　100
中央大学、破竹の6連覇の秘密　104

5章——群雄割拠のなか、名ランナーが躍動

◉1966年（第42回）～1986年（第62回）

箱根駅伝は「データと理論」の時代へ 108
60年代後半、伝統校が衰退した理由とは 112
新興勢力の躍進と、元祖「山の神」の激走 116
第50回記念大会で勢力図が塗り替わった 120
70年代の箱根駅伝では「想定外」が頻発した 123
初のテレビ中継は巧みなアイデアで実現 129
「瀬古利彦と中村清」の栄光と挫折 132

6章——テレビ生中継が実現。国民的行事へ

◉1987年（第63回）～2002年（第78回）

テレビ生中継の成功が「大会の消滅」を救った 138
全区間生中継の実現は時代の要請だった 143
「テレビ時代」ならではの新興勢力が登場 147
「無理してでも箱根を走りたい」が生んだ悲劇 153
留学生たちは、ただの〝助っ人〟だったのか？ 158
新たな強豪校の出現、そして「紫紺対決」へ 163

7章――「山の神」の時代が到来

◉2003年(第79回)~2014年(第90回)

出場校枠の増加という大改革が行われたわけ 172
「山上りの5区」は、なぜ距離の変更をくり返した? 177
「山の神」今井正人、5区に降臨! 181
「シン・山の神」柏原竜二の軌跡 185
「ごぼう抜き」が急増した理由とは 189
熾烈なシード権争いが「コースアウト」を生んだ 193
学連選抜チーム大善戦の舞台裏とは 197

8章――原晋率いる青山学院大の躍進

◉2015年(第91回)~2023年(第99回)

33年ぶりの箱根出場から圧巻の初優勝へ 204
退路を断って飛びこんだ大学駅伝の世界 207
「戦えるチーム」をつくりあげる手腕とは 211

厚底シューズによる「超高速化時代」の到来 215

9章——101回目からの箱根駅伝
●2024年(第100回)~

門戸開放で「全国化」は実現するのか? 220
箱根駅伝は「日本マラソン低迷の元凶」なのか? 224
トラック種目を席巻する「箱根ランナー」たち 228
留学生は「新興校の予選会突破」に欠かせない 230
伝統を守るか、マンネリ打破か…箱根駅伝の未来は 234

こんな人たちも「箱根」を走った!/54
箱根駅伝、驚きの事件簿/169
激走する選手を陰で支える人たち/201
記録で見る箱根駅伝①/78 ②/106 ③/137

装幀◉こやまたかこ
地図版作成◉原田弘和
図表作成◉アルファヴィル

総合記録	往路優勝校	復路優勝校	出場校数
15時間5分16秒	明治大学	東京高等師範	4
14時間39分1秒	早稲田大学	東京高等師範	7
14時間12分21秒	東京高等師範	早稲田大学	10
14時間15分49秒	明治大学	早稲田大学	9
14時間25分9秒	東京高等師範	明治大学	9
14時間9分54秒	中央大学	明治大学	10
14時間17分31秒	中央大学	明治大学	7
14時間25分37秒	早稲田大学	早稲田大学	5
13時間54分56秒	明治大学	早稲田大学	10
13時間32分50秒	早稲田大学	明治大学	9
13時間23分29秒	慶應義塾大学	早稲田大学	9
13時間21分15秒	法政大学	早稲田大学	10
13時間17分49秒	日本大学	早稲田大学	9
12時間47分53秒	早稲田大学	早稲田大学	11
12時間58分24秒	早稲田大学	日本大学	13
12時間52分59秒	日本大学	日本大学	13
12時間54分22秒	日本大学	日本大学	14
12時間33分24秒	日本大学	日本大学	14
12時間40分13秒	日本大学	日本大学	12
13時間1分0秒	専修大学	日本大学	10
13時間12分27秒	日本大学	日本大学	10
開催中止			
13時間45分5秒	慶應義塾大学	専修大学	11
開催中止			
14時間42分48秒	明治大学	慶應義塾大学	10
13時間21分10秒	中央大学	中央大学	12
13時間36分11秒	明治大学	中央大学	12
12時間35分36秒	中央大学	中央大学	14
12時間20分13秒	中央大学	中央大学	11
12時間35分7秒	中央大学	早稲田大学	14
12時間3分41秒	中央大学	中央大学	14
12時間21分10秒	早稲田大学	早稲田大学	15
12時間8分40秒	中央大学	中央大学	15
12時間4分49秒	中央大学	中央大学	15
12時間14分4秒	日本大学	早稲田大学	15
12時間2分17秒	日本大学	日本大学	15

箱根駅伝・歴代優勝校(第1回～第34回)

回数	開催年	総合優勝校	優勝回数
1	1920(大正9)	東京高等師範(現・筑波大学)	初優勝
2	1921(大正10)	明治大学	初優勝
3	1922(大正11)	早稲田大学	初優勝
4	1923(大正12)	早稲田大学	2回目
5	1924(大正13)	明治大学	2回目
6	1925(大正14)	明治大学	3回目
7	1926(大正15)	中央大学	初優勝
8	1927(昭和2)	早稲田大学	3回目
9	1928(昭和3)	明治大学	4回目
10	1929(昭和4)	明治大学	5回目
11	1930(昭和5)	早稲田大学	4回目
12	1931(昭和6)	早稲田大学	5回目
13	1932(昭和7)	慶應義塾大学	初優勝
14	1933(昭和8)	早稲田大学	6回目
15	1934(昭和9)	早稲田大学	7回目
16	1935(昭和10)	日本大学	初優勝
17	1936(昭和11)	日本大学	2回目
18	1937(昭和12)	日本大学	3回目
19	1938(昭和13)	日本大学	4回目
20	1939(昭和14)	専修大学	初優勝
21	1940(昭和15)	日本大学	5回目
—	1941(昭和16)	開催中止	
—	1942(昭和17)		
22	1943(昭和18)	日本大学	6回目
—	1944(昭和19)	開催中止	
—	1945(昭和20)		
—	1946(昭和21)		
23	1947(昭和22)	明治大学	6回目
24	1948(昭和23)	中央大学	2回目
25	1949(昭和24)	明治大学	7回目
26	1950(昭和25)	中央大学	3回目
27	1951(昭和26)	中央大学	4回目
28	1952(昭和27)	早稲田大学	8回目
29	1953(昭和28)	中央大学	5回目
30	1954(昭和29)	早稲田大学	9回目
31	1955(昭和30)	中央大学	6回目
32	1956(昭和31)	中央大学	7回目
33	1957(昭和32)	日本大学	7回目
34	1958(昭和33)	日本大学	8回目

総合記録	往路優勝校	復路優勝校	出場校数
12時間1分23秒	中央大学	日本大学	16
11時間59分33秒	日本大学	中央大学	15
11時間55分40秒	中央大学	中央大学	15
12時間14分5秒	中央大学	中央大学	15
12時間0分25秒	中央大学	明治大学	15
11時間33分34秒	中央大学	中央大学	17
11時間30分41秒	日本大学	日本大学	15
11時間20分1秒	順天堂大学	日本大学	15
11時間24分32秒	日本大学	日本大学	15
11時間26分6秒	日本大学	日本大学	15
11時間30分58秒	日本体育大学	日本体育大学	15
11時間31分21秒	日本体育大学	日本体育大学	15
11時間32分10秒	日本大学	日本体育大学	15
11時間31分3秒	日本体育大学	日本体育大学	15
11時間47分32秒	日本体育大学	大東文化大学	15
11時間46分2秒	東京農業大学	大東文化大学	20
11時間26分10秒	大東文化大学	大東文化大学	15
11時間35分56秒	大東文化大学	日本体育大学	15
11時間31分11秒	日本体育大学	日本体育大学	15
11時間24分32秒	順天堂大学	日本体育大学	15
11時間30分38秒	順天堂大学	日本体育大学	15
11時間23分51秒	日本体育大学	日本体育大学	15
11時間24分46秒	順天堂大学	大東文化大学	15
11時間30分0秒	日本体育大学	早稲田大学	15
11時間6分25秒	日本体育大学	早稲田大学	15
11時間7分37秒	早稲田大学	早稲田大学	20
11時間11分16秒	早稲田大学	日本体育大学	15
11時間19分33秒	早稲田大学	順天堂大学	15
11時間16分34秒	日本体育大学	順天堂大学	15
11時間4分11秒	順天堂大学	順天堂大学	15
11時間14分50秒	順天堂大学	順天堂大学	15
11時間14分39秒	大東文化大学	中央大学	15
11時間19分7秒	大東文化大学	順天堂大学	15
11時間14分7秒	山梨学院大学	順天堂大学	15
11時間3分34秒	早稲田大学	早稲田大学	15
10時間59分13秒	山梨学院大学	山梨学院大学	20

箱根駅伝・歴代優勝校（第35回～第70回）

回数	開催年	総合優勝校	優勝回数
35	1959(昭和34)	中央大学	8回目
36	1960(昭和35)	中央大学	9回目
37	1961(昭和36)	中央大学	10回目
38	1962(昭和37)	中央大学	11回目
39	1963(昭和38)	中央大学	12回目
40	1964(昭和39)	中央大学	13回目
41	1965(昭和40)	日本大学	9回目
42	1966(昭和41)	順天堂大学	初優勝
43	1967(昭和42)	日本大学	10回目
44	1968(昭和43)	日本大学	11回目
45	1969(昭和44)	日本体育大学	初優勝
46	1970(昭和45)	日本体育大学	2回目
47	1971(昭和46)	日本体育大学	3回目
48	1972(昭和47)	日本体育大学	4回目
49	1973(昭和48)	日本体育大学	5回目
50	1974(昭和49)	日本大学	12回目
51	1975(昭和50)	大東文化大学	初優勝
52	1976(昭和51)	大東文化大学	2回目
53	1977(昭和52)	日本体育大学	6回目
54	1978(昭和53)	日本体育大学	7回目
55	1979(昭和54)	順天堂大学	2回目
56	1980(昭和55)	日本体育大学	8回目
57	1981(昭和56)	順天堂大学	3回目
58	1982(昭和57)	順天堂大学	4回目
59	1983(昭和58)	日本体育大学	9回目
60	1984(昭和59)	早稲田大学	10回目
61	1985(昭和60)	早稲田大学	11回目
62	1986(昭和61)	順天堂大学	5回目
63	1987(昭和62)	順天堂大学	6回目
64	1988(昭和63)	順天堂大学	7回目
65	1989(昭和64)	順天堂大学	8回目
66	1990(平成2)	大東文化大学	3回目
67	1991(平成3)	大東文化大学	4回目
68	1992(平成4)	山梨学院大学	初優勝
69	1993(平成5)	早稲田大学	12回目
70	1994(平成6)	山梨学院大学	2回目

総合記録	往路優勝校	復路優勝校	出場校数
11時間3分46秒	早稲田大学	中央大学	15
11時間4分15秒	早稲田大学	中央大学	15
11時間14分2秒	神奈川大学	駒澤大学	15
11時間1分43秒	神奈川大学	神奈川大学	15
11時間7分47秒	駒澤大学	順天堂大学	15
11時間3分17秒	駒澤大学	駒澤大学	15
11時間14分5秒	中央大学	順天堂大学	15
11時間5分35秒	神奈川大学	駒澤大学	15
11時間3分47秒	山梨学院大学	駒澤大学	19
11時間7分51秒	駒澤大学	駒澤大学	19
11時間3分48秒	東海大学	駒澤大学	19
11時間9分26秒	順天堂大学	法政大学	19
11時間5分29秒	順天堂大学	順天堂大学	19
11時間5分0秒	早稲田大学	駒澤大学	19
11時間9分14秒	東洋大学	東洋大学	22
11時間10分13秒	東洋大学	駒澤大学	19
10時間59分51秒	東洋大学	早稲田大学	19
10時間51分36秒	東洋大学	東洋大学	19
11時間13分26秒	日本体育大学	駒澤大学	19
10時間52分51秒	東洋大学	東洋大学	23
10時間49分27秒	青山学院大学	青山学院大学	20
10時間53分25秒	青山学院大学	青山学院大学	20
11時間4分10秒	青山学院大学	青山学院大学	20
10時間57分39秒	東洋大学	青山学院大学	20
10時間52分9秒	東洋大学	青山学院大学	22
10時間45分23秒	青山学院大学	東海大学	20
10時間56分4秒	創価大学	青山学院大学	20
10時間43分42秒	青山学院大学	青山学院大学	20
10時間47分11秒	駒澤大学	駒澤大学	20

箱根駅伝・歴代優勝校(第71回〜第99回)

回数	開催年	総合優勝校	優勝回数
71	1995(平成7)	山梨学院大学	3回目
72	1996(平成8)	中央大学	14回目
73	1997(平成9)	神奈川大学	初優勝
74	1998(平成10)	神奈川大学	2回目
75	1999(平成11)	順天堂大学	9回目
76	2000(平成12)	駒澤大学	初優勝
77	2001(平成13)	順天堂大学	10回目
78	2002(平成14)	駒澤大学	2回目
79	2003(平成15)	駒澤大学	3回目
80	2004(平成16)	駒澤大学	4回目
81	2005(平成17)	駒澤大学	5回目
82	2006(平成18)	亜細亜大学	初優勝
83	2007(平成19)	順天堂大学	11回目
84	2008(平成20)	駒澤大学	6回目
85	2009(平成21)	東洋大学	初優勝
86	2010(平成22)	東洋大学	2回目
87	2011(平成23)	早稲田大学	13回目
88	2012(平成24)	東洋大学	3回目
89	2013(平成25)	日本体育大学	10回目
90	2014(平成26)	東洋大学	4回目
91	2015(平成27)	青山学院大学	初優勝
92	2016(平成28)	青山学院大学	2回目
93	2017(平成29)	青山学院大学	3回目
94	2018(平成30)	青山学院大学	4回目
95	2019(平成31)	東海大学	初優勝
96	2020(令和2)	青山学院大学	5回目
97	2021(令和3)	駒澤大学	7回目
98	2022(令和4)	青山学院大学	6回目
99	2023(令和5)	駒澤大学	8回目

スタート＆ゴール
東京大手町 読売新聞社東京本社前
新八ツ山橋
1区 21.3 km
多摩川
鶴見中継所
六郷土手交差点
2区 23.1 km
横浜駅前
10区 23.0 km
3区 21.4 km
権太坂
9区 23.1 km
戸塚中継所
遊行寺交差点
浜須賀交差点
東京湾
三浦半島
8区 21.4 km
往路 5区間 107.5 km
復路 5区間 109.6 km
合計 217.1 km

箱根駅伝コース図

高低差
芦ノ湖
国道１号最高標高 874m
小田原
平塚
遊行寺交差点
戸塚
権太坂
鶴見
大手町

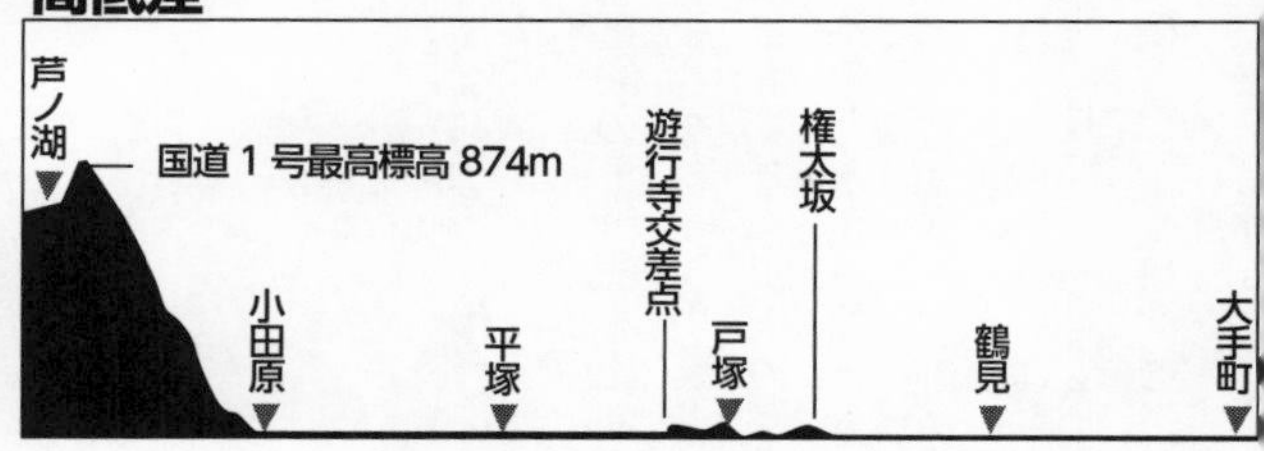

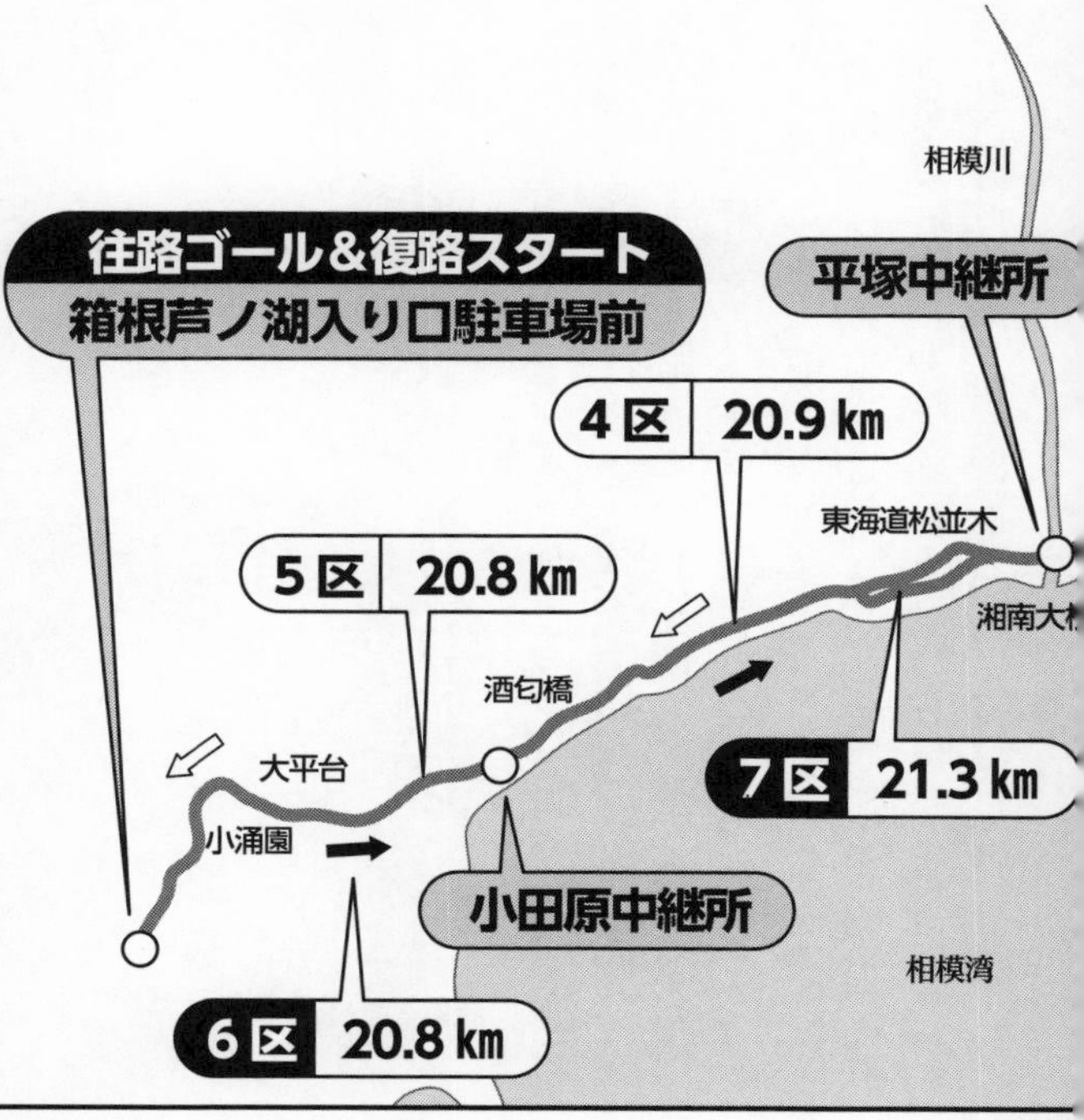

往路ゴール＆復路スタート
箱根芦ノ湖入り口駐車場前
平塚中継所
相模川
4区 20.9 km
東海道松並木
5区 20.8 km
湘南大
酒匂橋
大平台
7区 21.3 km
小涌園
小田原中継所
相模湾
6区 20.8 km

1章――箱根駅伝、その夜明け前

◉1917年〜1919年

箱根駅伝の「原点」は、どこにあるのか？

京成電鉄の上野駅を出て、中央通りを広小路方面に歩き出すと、間もなく「下町風俗資料館」（2024〈令和6〉年度末まで休館中）の建物が見えてくる。ここを右折し、不忍池に沿って3分ほど歩くと「駅伝の歴史ここに始まる」の文字が書かれた「駅伝の碑」が目に飛びこんでくる。茶色と水色に描き分けられた走る人影の肩からは、それぞれ紺色と赤茶色の斜めにかけられた襷が色鮮やかに描かれ、さらに文言は次のように続いている。

「我が国、最初の駅伝は、奠都五十周年記念大博覧会『東海道駅伝徒歩競走』が大正六（一九一七）年四月二十七日、二十八日、二十九日の三日間にわたり開催された。スタートは、京都・三条大橋、ゴールは、ここ東京・上野不忍池の博覧会正面玄関であった。」

この記念碑は2002（平成14）年、日本陸上競技連盟が建立したものだ。スタート地点の京都・三条大橋にも同様の記念碑が設置され、こちらの文言は「スタートはここ京都～　ゴールは東京～」となっている。

「駅伝」という日本独特の「競走」は、この記念碑にあるように、1917（大正6）年、天皇の住居、つまり皇居がそれまでの京都から東京に移されてちょうど半世紀を経た記念祝賀行事のイベントのひとつとして行われたのが始まりだといわれている。

1917年は「江戸」が「東京」になってちょうど50年目にあたっていたので、東京市（当時）をはじめ、各企業や新聞社がさまざまな記念企画を考えていたが、そのなかで、読売新聞の社会部長だった土岐善麿(1)が「50年前に明治天皇が京都から東京に向かった道のりを走るのはどうだろう」というアイデアを出したのである。

明治天皇は旧暦の1869（明治2）年3月7日に京都を出て、東京に向かった。旧暦3月7日は新暦では4月27日にあたるので、この日に京都を出発して、東京までの516㎞を23区間に分けて走り切ろうという企画で、仮称は「東海道五十三次駅伝競走」。この読売新聞の企画が基本的に採用され、正式名称が記念碑にあるように「奠都五十周年記念大博覧会『東海道

（1）土岐善麿…1885～1980。東京・浅草生まれ。早稲田大卒業後、読売新聞に入社。同社会部長に昇進したが、のちに朝日新聞に転職。歌人、国語学者でもある。

駅伝徒歩競走』」となったわけである。

このとき初めて出てきた「駅伝」の2文字の発案者は、明治政府の内務官僚として秋田や青森の県知事（当時は選挙ではなく政府が選ぶ「官選」）を歴任したのち、大日本体育協会副会長の要職に就いた武田千代三郎（たけだちよさぶろう）[2]だった。２０１９（平成31／令和元）年に放送されたNHKテレビの『いだてん〜東京オリムピック噺（ばなし）』では永島敏行（ながしまとしゆき）が演じている（協会の会長は役所広司（やくしょこうじ）扮する嘉納治五郎（かのうじごろう））。朝廷や幕府の伝令が、街道の「宿駅（しゅくえき）[3]」に置かれた馬を乗り継ぐ「伝馬制（てんま）」からヒントを得た命名だった。要するに「宿駅伝馬制」の2つ目と3つ目の文字をつなげたわけである。

この「駅伝」は3日間ぶっ通しの東西対抗の形式で行われ、4月29日の昼前後にゴールしている。選手は、東軍が東京高等師範学校（東京高師。現・筑波大学）、第一高等学校（現・東京大学教養学部）、早稲田大学の3校から選ばれ、西軍は愛知県立第一中学校（現・県立旭丘高校）の生徒が中心だった。

この日本最初の「駅伝」は3年後に第1回大会が開かれる「箱根駅伝」に多大な影響を与えている。具体的には、第一に大会の運営。当時の読売新聞はまだまだ大手とはいえず、支局があるのは横浜だけだった。

企画が通り、運営も任された読売は、22の選手交代（中継）地点に宿をとり、選手、役員、伴走者、そして取材記者を待機させた。現在のように「連盟」も、監督やマネジャーもいないので全部自前。大会は世間の注目を集め、「成功」だったが、中継地点の宿や人員の確保、記事を送る電話代などのコストがかかり、収支的には赤字だった。ちなみに土岐は、その責任を取らされ、読売新聞を退職している。

しかし、この「駅伝」運営のノウハウは、結果的にのちの「箱根駅伝」にとっての、いわば〝予行演習〟になったのである。

そして、もうひとつ。東軍のアンカーを務めた、東京高等師範の学生だった金栗四三の存在だ。のちに「マラソンの父」と呼ばれるようになった金栗は、１９１２（明治45）年のストックホルム五輪（スウェーデン）で日本初のマラソン代表として出場したが、26・７㎞地点で日射病（熱中症）のために意識を失い、近くの農家で介抱され、目を覚ましたときはすでに競技が終了した翌日だったという。無念の途中棄権。忸怩たる思いを抱えて帰国したのだった。

２０１９年のＮＨＫ大河ドラマ『いだてん～』で中村勘九郎が演じた金栗四三像はかなり誇張されていたが、それでも生真面目で一途な性格の金栗は、自ら日記に、

「退敗の朝を迎う。終生の遺憾のことで心うずく。しかれども失敗は成功の基にして、また他

(2)武田千代三郎…１８６７〜１９３２。筑後国（現・福岡県）柳川生まれ。内務官僚、教育者、スポーツ指導者。
(3)宿駅…街道上の集落で、人を泊めたり、荷物を運ぶための人や馬を集めておいた宿場。

日その恥をすすぐの時あるべく（中略）粉骨砕身(ふんこつさいしん)してマラソンの技を磨き……」としたためている。つまり、何とかして五輪の汚名を晴らそうと思うと同時に、日本人が長距離走で世界に伍していくためにはどうしたらいいかを思案し、その結果、この「駅伝」という競走大会を強化の一環として取り入れようと考えるようになるのである。

五輪の悔しさが生んだ金栗四三の執念

金栗四三は1891（明治24）年8月20日、熊本県玉名郡春富村(はるどみ)（現・和水町(なごみまち)）の名家に、8人兄弟の7番目として生まれた。名前の四三とは、父親が43歳のときに生まれたからである。四三は5歳ごろまではひ弱な子どもだったが、10歳で玉名北高等小学校(4)に進学すると、自宅から学校までの往復12㎞あまりの山道を、近所の学友たちと一緒に毎日走って登下校するようになった。

高等小学校卒業後は、旧制熊本県立玉名中学校（現・県立玉名高校）に進学。成績が優秀だったので特待生に選ばれ、卒業後の1910（明治43）年、東京高等師範学校(5)（のちの東京教育大学、現・筑波大学）に入学する。

長距離走に自信があった金栗は1911（明治44）年、20歳になった翌年に開催される第5

回ストックホルム五輪のマラソン競技の国内予選会に出場する。そこで、何と当時（距離は25マイル＝40・225㎞）の世界記録を27分も縮める2時間32分45秒のとてつもない大記録を出し、日本人初のオリンピアンとなった。

ところが、オリンピックでの結果は前述した通り、日射病での途中棄権であった。敗因は、当時スウェーデンまで船とシベリア鉄道で20日間もかかった長い旅程、日本ではなじみの薄かった舗装された道路、常食していた米が手に入らなかった食事、さらにレース当日は最高気温40℃という記録的な猛暑、それにもかかわらず給水に立ち寄らなかったことなど、さまざまな要因があったといわれている。要は異なった環境に適応できなかったのだ。

しかし、金栗の悔しさは相当なものだったようで、前述した日記の後半部分には「これ、日本人の体力の不足を示し、技の未熟を示すものなり。この重圧を全うすることあたわざりしは、死してなお足らざれども、死は易く生は難く……」と技術の拙劣さと適応力のなさを素直に反省。「（オリンピックの）プレッシャーをはねのけられなかった（自分は）死んでも足りないくらいだが、死ぬのは簡単なので、生きて（頑張らなければならない）」と決意を新たにしている。

（4）高等小学校…明治から昭和の戦前まで存在していた初等・中等教育機関。現在の中学1、2年生にあたる。

（5）師範学校…戦前の日本（及び統治地域）に存在した教員養成学校。戦後はその多くが新制大学の教育学部、学芸学部として再出発した。

金栗は帰国してすぐに、真夏の千葉県館山（たてやま）で「耐熱訓練」と称した炎天下での練習を2か月間行い、冬には逆に「耐寒訓練」を実施した。さらに東京高師の研究科に進学してからは、自分の体を鍛えるとともに、マラソン選手の人材発掘にも並々（なみなみ）ならぬ熱意を傾けるのである。

全国の師範学校にいる自分の先輩や後輩に手紙を書き、そして実際に現地を訪れて自分がこれまで行ってきた練習方法を公開し、長距離走の基本技術を彼なりに伝えていったのだ。

また、多数の選手を一堂に集めた「合同練習会」も開催するようになり、まさに、自ら日記にしたためたような「粉骨砕身」の日々を送った金栗は、満を持して1916（大正5）年のベルリン五輪での捲土重来（けんどちょうらい）を期す。もちろん、周囲もメダルを期待した。しかし、第1次世界大戦のため、オリンピックそのものが開催中止になってしまったのである。

このような時代背景と、金栗自身の忸怩たる思いのなかで行われたのが、前述した「奠都五十周年記念大博覧会『東海道駅伝徒歩競走』」だったのである。そして、東西対抗の形式で行われたこのレースの東軍のアンカーとして上野・不忍池にゴールした金栗は、この「駅伝」というレース形式が長距離走者を育成するにはもってこいのシステムであると直感したのだった。

そして、金栗の頭のなかでは、オリンピックで本懐（ほんかい）を遂げられなかった悔しさと「駅伝」を走った実感が融合し、とてつもない構想が広がっていくのだった。

「アメリカ大陸横断の予選」だった箱根駅伝

ベルギーのアントワープで開催された第7回夏季オリンピック（4月～9月）前年の1919（大正8）年11月15日、金栗は当時の埼玉県埼玉村（現・行田市）で行われた小学校の運動会に審判として参加する。

運動会が終了し、東京に帰る列車で、同じく運動会に参加した東京高等師範の後輩・野口源三郎(6)と明治大の学生だった沢田英一(7)と同席になった。野口は翌年のアントワープ五輪十種競技の日本代表である。そして車中、この3人のあいだでひとしきり「マラソン」の話題に花が咲いたのだった。

沢田は同じ明治大の出口林次郎とともに、この年の6月15日から札幌─東京間（約1100㎞）を走破した実績を持っていた。金栗も同じ年の7月22日から下関─東京間1200㎞を20日間で走っている。このような大学屈指の「走り屋」3人が長距離走の話で盛り上がったのは当然

(6)野口源三郎…1888～1967。埼玉県深谷市出身。陸上競技や学校体育の向上に尽力し、「近代陸上競技の父」と称される。

(7)沢田英一…生没年不明。明治大学在学中の1917（大正6）年、日本陸上競技選手権の25マイルで優勝。第1回箱根駅伝では明治大の5区を走った。

だった。そして3人の若さゆえとも思われる気宇壮大（きうそうだい）な〝大風呂敷〟が広げられたのである。

1919年は、1914（大正3）年から5年間にわたってくり広げられた第1次世界大戦が終了し、戦後を処理するパリ講和会議(8)が開かれた年である。日本は日英同盟(9)を根拠に参戦し、ドイツの拠点だった中国山東省の青島（チンタオ）、サイパン島などの南洋諸島のドイツ領を占領。戦勝国になった日本は戦後、ドイツの権益を受け継ぐことになる。

同時に国際協力と平和維持を目的とする機関として新しく発足した国際連盟(10)では、イギリス、フランス、イタリアとともに常任理事国の仲間入りを果たす。明治維新から50年、日本はとうとう列強諸国と肩を並べる世界の「一等国」になったのである。

このような時代背景も、金栗たちの構想に拍車をかける一因になったのだろう。まして金栗自身は満を持していたベルリン五輪への参加が、大会中止で反故（ほご）にされた悔しさもあったし、さらに、以前からアメリカ大陸を走って横断したい想いも真剣に抱いていた。

若い3人が描いた壮大な構想は「アメリカ大陸横断」だった。満州—東京という考え方もあったが、どうせやるなら話は大きく、そしてアメリカを含む「世界五大強国」の一員となった「一等国」日本らしく、「アメリカ大陸横断」をぶち上げたのである。もともと金栗には「ロードの走りこそマラソン選手の強化につながる」との信念があったし、自ら東京—下関1200kmを走ったのもそのためだった。

「アメリカ大陸横断」の机上の構想は、西海岸のサンフランシスコをスタートし、中西部の農業地帯の大平原をひたすら走り、ゴールのニューヨークに到達する、距離にしておよそ4500㎞に及ぶ長丁場である。

しかし、問題は途中に横たわるロッキー山脈だった。最高地点の標高は4400m。平均でも標高2000mを超す「難所」をクリアしなければならない。そのためには、これまでやってきたような通り一遍な訓練ではとても覚束ないし、選手だって選り抜かれた精鋭を集めなければならない。ということで、3人は必死に知恵を絞るのだった。

出した結論は「まず国内で予選を開催し、そのなかで選ばれた優秀な選手がアメリカ横断に挑戦する」というプランだった。そして〝ロッキー越え〟を想定して選ばれた国内の場所が「天下の嶮（天下有数の険しい難所）」と歌（『箱根八里』）にも歌われた箱根の山上りだったのである。

残念ながら、この気宇壮大というか、奇想天外な「アメリカ大陸横断」構想は実現しなかった。噂によるとスポンサーの報知新聞に却下されたらしいのだが、代わりに「箱根」をコース

(8)パリ講和会議…第1次世界大戦後、イギリス、フランス、日本などの連合国（勝利国）が、ドイツなどの同盟国（敗戦国）と講和について話し合った会議。

(9)日英同盟…1902（明治35）年に日本とイギリスのあいだで結ばれた軍事同盟。1923（大正12）年に失効。

(10)国際連盟…第1次世界大戦後の1920（大正9）年1月10日に、アメリカ大統領ウィルソンの提唱で設立された国際組織。本部はスイスのジュネーブに置かれた。

に組み入れて駅伝競走を行う案が、にわかに浮上し、現実味を帯びてくるのである。
そして、金栗たちはこの「駅伝競走大会」を実現に漕ぎつけるために、いよいよ具体的な行動を開始するのだった。

なぜ、東京—箱根間に白羽の矢が立ったのか？

金栗、野口、沢田の3人は、帰京すると早速、行田からの帰りの車中で話し合った「アメリカ大陸横断駅伝」の具現化に着手する。まずはこの壮大な計画の「国内予選」をどこで実施するかを決めなければならない。国内コースの選定である。

金栗たちは、この大会を金銭面で援助すると確約してくれた報知新聞と何度も協議を重ねる。当初は現在の東京—箱根間の往復も含めて3つの案が浮上していた。ひとつは徳川ゆかりの東京—水戸間。同じく、これも徳川との関係が深い東京—日光・湯元間だった（いずれも片道）。

しかし、水戸のコースはあまりにも平坦すぎるので、所期の目的である「ロッキー越えの訓練」には適さない。日光・湯元は「いろは坂」の難所があるので、〝山上り〟の条件は十分に満たしているが、道路事情がネックだった。当時はまだ道幅4m足らずの砂利道だったので、候補から外されたのである（乗り合いバスが通れるようになったのは1925〈大正14〉年から）。

こうした経緯もあって、コース選定はおのずと「箱根」に絞られていったのである。

大会のスポンサーは、前述したように報知新聞だった。現在も読売系列の「スポーツ報知」にその名を残しているが、当時は一般紙として東京5大新聞（他の4大新聞は、東京日日新聞＝現・毎日新聞、時事新報＝東京日日と合併、國民新聞＝現・東京新聞、東京朝日新聞）の一角を占め、明治から大正にかけて東京でもっとも売れていた新聞だった。

この時代の報知新聞は、進取の気性に富んだ新聞社として一定の読者に支持されていた。1899（明治32）年には松岡もと子（のちに羽仁もと子[11]）を日本初の婦人記者として採用。1903（明治36）年には村井弦斎の小説『食道楽』の連載を開始し、一大美食ブームを巻き起こす。『食道楽』は、現在でもメディアでのグルメ記事の嚆矢と見なされている。1904（明治37）年には女優の川上貞奴の写真を掲載。これは日本で初めての新聞写真だった。

以前からスポーツ、とくにマラソン競技に理解があった報知新聞は、この金栗らが持ちこんだ斬新で壮大な構想の実現のために積極的に動く。もちろん、自社の宣伝という目的もあってのことで、スタートとゴールは東京・有楽町の報知新聞に決まった。現在、その地にはビックカメラ有楽町店がテナントとして入っている読売会館がある。

レースはこの報知新聞前からスタート、有楽町のガードをくぐって数寄屋橋に抜け、尾張町

(11)羽仁もと子…1873〜1957。青森県八戸市生まれ。自由学園及び、婦人之友社の創設者。家計簿の考案者でもある。

の交差点（現・銀座四丁目交差点）を右折、その後は中央通り（銀座通り）を新橋方面に向かう。さらに国道1号（のちに15号(12)）に進路を取り、高輪から大森、そして川崎から横浜を抜けて箱根を目指すという大筋が決まっていく。

箱根駅伝の距離は往復217・1km（現在）で、その83％は神奈川県を走る。スタートとゴールこそ東京都だが、蒲田の先の多摩川にかかる六郷橋(13)を渡ると、その先は神奈川県川崎市。鶴見からは横浜市に入り、さらには藤沢市、茅ケ崎市、平塚市、大磯町、二宮町、小田原市、箱根町と続く。半分以上が神奈川県西部のいわゆる「郡部」。大会開催にあたっては、当然これらの地域の協力が不可欠になってくる。

そこで隠然とした力を発揮したのが、のちに自民党の重鎮として副総理にまで上り詰めた河野一郎(14)だった。ちなみに現・内閣府特命担当大臣の河野太郎は、一郎の孫にあたる。

1898（明治31）年生まれの河野はこのとき21歳。早稲田大学の予科(15)に在籍していた。父親の河野治平は、当時の神奈川県足柄下郡豊川村（現・小田原市成田）の豪農で、その後、郡会議員、神奈川県議会議長を務めた神奈川県西部地域の有力者だった。河野一郎は小田原中学（現・県立小田原高校）では長距離走の選手。当時、河野一郎と報知新聞に接点があったことが『河野一郎自伝』（徳間書店）に記されている。

河野一郎は早稲田大学でも競走部（陸上部）に籍を置き、4年間欠かさず「箱根駅伝」を走った（弟の謙三も2回走っている）。区間は4区と7区、つまり平塚市を中心とした区域で、そこは、のちに自分の選挙区となるエリアだった。

開催実現に奔走した協力者たち

最大の課題だったスポンサーは報知新聞が引き受けてくれることになった。金栗たちが聞いていた大会にかかる経費は当時の金額で約5万円。大正時代の貨幣価値を企業物価指数、金価格、公務員初任給などから割り出していくと、大正10年の10万円は現在の約2億5000万円に相当するので、「第1回箱根駅伝」の開催経費はその半分の1億数千万円ぐらいだったと推察される。

東京五大新聞のひとつとして隆盛を誇っていた報知新聞も〝太っ腹〟なところを見せてくれたが、この時期は1914年から始まった第1次世界大戦による好景気がまだ尾を引いていた

(12)国道15号…東海道の一部にあたり、現在は「第1京浜国道」と呼ばれている。
(13)六郷橋…東京都と神奈川県の境の多摩川にかかる国道15号の橋。長さ443・7m。
(14)河野一郎…1898〜1965。昭和中期の政界実力者のうちのひとり。弟は河野謙三、次男は河野洋平。1964（昭和39）年に開催された東京五輪の担当大臣。
(15)大学予科…1955（昭和30）年まで存在した高等教育機関。現在の大学の教養課程に相当する。

ことも、開催できた要因のひとつだった。

ちなみに、「第1回箱根駅伝」が開催された1か月後には株価暴落に端を発した「戦後恐慌」が襲ってきた。当時は5年間で工場労働者の数が倍増したデータが残ることからもわかる通り、人口の都市への集中が急加速したので、必然的に新聞の購読者（発行部数）も増え、同時に新聞社間の競争も激化していた背景があった。

東京から箱根までのコースの大まかなところは決まったが、問題は、全コースを通しての詳細な情報だった。まだ道路がきちんと整備されていなかった小田原以西の「箱根路」の道路事情、上り下りの高低差、さらに海岸での風の影響といった状況が、いまひとつ具体的に共有できていなかったのである。

これら「駅伝競技」でもっとも重要な部分を、かなりの程度解決してくれたのが、金栗の東京高師時代の後輩、渋谷寿光だった。１８９４（明治27）年生まれの渋谷は金栗の3歳年下。東京高師卒業後は生まれ故郷（神奈川県足柄上郡松田町）に近い小田原中学で教鞭を執っていた。地味ではあったが、この渋谷の〝縁の下の力〟なくしては第1回大会の開催は実現しなかっただろう。企画立案から、競技施設、道路状況の把握に至るまで、それこそ痒いところに手が届くような裏方作業に心血を注いだのである。

渋谷はまず、東京から箱根までの全行程をひとりで歩き、巻き尺で距離を計測した。とくに箱根の山上りについては、自分の教え子である小田原中学徒歩部（陸上部）の部員や地元の青年団のメンバーと一緒になって、夜も提灯片手に距離を計測したのだった。この「実測」によって各区間ひとり平均約20㎞が打ち出され、おのずと中継所も決まっていったのである。

第1回大会は、後述するように午後1時のスタートだったので、ゴールは必然的に日没後にならざるを得なかった。当時の箱根の山道は、まだ完全に舗装されていない砂利道を踏み固めたような状態だった。渋谷は選手がコースを間違わないようにと、徒歩部の上級生たちに松明を持たせ、宮ノ下から芦之湯まで選手に伴走させる計画まで立てていたのである。

さて、大会開催に向けての「舞台装置」は、このような金栗の人脈、そして河野一郎から渋谷寿光までの地元・神奈川県西部の人たちの献身的な協力で、着々と整いつつあったが、問題は1区間約20㎞をひとりで走り切れる選手が果たして集まるのか、だった。

金栗は、母校の東京高師や沢田の所属する明治大の他、専門学校[16]、師範学校にも参加を呼びかけた。当時、金栗が勤務していた女子師範学校（現・お茶の水女子大）に各校の代表を招いて、大会の趣旨を熱っぽく語るなど、選手養成、出場校確保に奔走したのである。

しかし、当時10人の長距離走者をそろえられる学校はきわめて少なく、結局、第1回大会の出場校は、東京高等師範学校、明治大学、早稲田大学、慶應義塾大学の4校だけだった。

(16) 専門学校…旧学校制度での高等教育機関。大学と異なり、法律、医学など単科の専門教育を行った。

2章——号砲鳴る。伝統の継走がスタート

◉1920年(第1回)〜1931年(第12回)

第1回のスタートが「午後1時」だった理由

「箱根駅伝第1回大会」は1920(大正9)年2月14日午後1時に東京・有楽町の報知新聞前をスタートした。金栗四三(かなくりしそう)らの熱心な説得にもかかわらず、残念ながら参加した大学はわずか4校だった。1区間20kmをある程度のスピードで走破できる選手を10人そろえるのは、当時の各大学にとっては至難の業(わざ)だったのである。

結局、大会名は「四大校駅伝競走」となり、「箱根」の名称は、この時点では正式には採用されていない。さらに、開催日時が2月14日で、スタートが午後1時だったのも、現在の箱根駅伝とは大きく違っている点だった。

冬の時期が選ばれたのは、自ら「耐寒訓練」を行ってきた金栗の考えが反映されていたから

だ。「強い選手をつくるためには過酷な条件を克服しなければならない」との信念にもとづいて厳冬期の2月を選んだのだが、当初は3日早い2月11日の予定だった。しかし、この日は「紀元節」（戦前の「建国記念日」に相当する祭日）で、参加各校でも記念式典が行われ、選手も参加しなければならなかったために14日に変更されたといわれている。

スタート時刻も、現在の午前8時ではなく午後1時。審判員の金栗が鳴らす号砲で第1回目はめでたく無事スタートした。1920年2月14日は土曜日。現在と違って当時の土曜日は休日ではなく「半ドン(1)」と俗称され、学校や職場では午前中は仕事や授業があった。そのため「学生たる者が朝っぱらから運動に興ずるなどけしからん」との意見も汲み入れ、午後スタートになったと伝えられている。

しかし、どうも真相はそれだけではないようなのだ。実際は東京市電（現在の東京都電）の従業員組合のストライキが予定されていたので、混乱を避けるために、スタートの日時を14日午後1時にずらしたらしいのである。

この時代は、後年「大正デモクラシー(2)」といわれ、国民のあいだに民主主義の考えが萌芽していた。同年の5月2日には日本での第1回メーデーが開催され、東京の上野公園には約1

(1)半ドン…午後が休みの日のこと。ドンは、オランダ語で「日曜」を意味する「ドンタク」の略。
(2)大正デモクラシー…1910年代から20年代にかけて、日本で起こった政治、社会、文化の各方面での自由主義的な風潮。

万人の労働者が集まり「8時間労働の実施」や「最低賃金の制定」などを訴えている。「普通選挙法[3]」の成立を目指す大衆の運動が盛り上がりを見せていたのである。

このような社会情勢のなかでスタートした第1回の「箱根駅伝」は、わずか4校しか参加できなかった。しかし、レース自体は現在に通じる白熱した戦いがくり広げられた。その象徴的なシーンが15日の復路の終盤、大勢の群衆が沿道を埋め尽くした都心の新橋、銀座、日比谷でのことだった。

山下りの6区、続く7区と首位を維持して快走していた明治大8区の走者・後藤長一が、途中で急に減速してしまったのである。どうにか首位の座は守ったものの、平塚中継所で12分以上の差をつけて襷を受けとった2位との差は、戸塚中継所では2分25秒に縮まっていた。どうやら後藤の「減速」は平塚中継所で待機しているあいだに「途中で力が入らなくなったら困るから」と思って食べた餅が原因だったらしいのである。

明治大は9区の加藤富之助の頑張りで何とかトップを維持したが、最終10区の西岡吉平がまたしてもブレーキになってしまう。必死に追い上げる2位の東京高師・茂木善作に、ついに新橋付近で追いつかれる。茂木は尾張町交差点を左折すると猛然とラストスパートをかけた。

西岡は茂木について行くことがまったくできず、東京高師が明治大に25秒の差をつけ、土壇場での逆転優勝を飾ったのである。このとき、明治大の西岡は、あまりの悔しさから、泣きながゴールに飛びこんだと伝えられている。

第1回大会からこのような白熱したレースが展開されたので、大会は大いに盛り上がった。わずか4校のみの参加だったが、選手たちの敢闘精神、さらに実力のレベルが予想以上に高かった事実も明らかになった。

優勝を飾った東京高師のアンカー茂木は、この年にベルギーのアントワープで開催された第7回夏季オリンピックのマラソン競技に金栗とともに出場。金栗の16位に次ぐ20位の成績を収めている。同じくこの大会で3位になった早稲田大で5区を走った三浦弥平も、24位で完走を果たしたのだった。

箱根の山道は「自由走行区間」だった？

にわかには信じられないだろうが、草創期の「箱根駅伝」は、一応のコースこそ決められ、時計員、記録員、救護班が置かれていたが、監視員は存在していなかった。その理由は大会終了後に金栗が総括した次のような「講評」で窺い知ることができる。

曰く「大体に於いて好成績であった。殊に従来の如く、審判長其の他仰々しい職を設けず、

（3）普通選挙法…1925（大正14）年に成立。満25歳以上のすべての成人男子に選挙権が与えられた。

僅かに出発と到着のみ、世話係とも称すべき者を以て取扱い、中継所でも特に審判を附せず、各人の運動道徳に訴えて挙行したのにも拘らず、何等の支障なく競走し得た事は、真に我が運動会の一大進歩で且つ競技の民衆化とも見られ、実に喜ばしい」――(『箱根駅伝70年史』より)。

要するに「大学や高等専門学校生のようなエリートたちが参加する競走なのだから〝ズル〟をするような輩はいるはずがない」という「エリート運動選手性善説」を何の疑いもなく信じていたのである。いくら大正デモクラシーの時代だったとはいえ、明治維新から50年ほどしか経っていない当時は、まだまだ武士道精神的な倫理観が健在だったのだろう。とくに生真面目で一途な金栗はそのような気持ちが強かったのだと思われる。

ちなみに、ベースボールを「野球」と和訳した最初の人として有名な教育者の中馬庚[4]が「インフィールドフライ・ルール(走者1、2塁時に、内野に上がったフライをわざと落球して併殺に仕留めるプレーを防ぐ規則)」は「我が日本には必要ない」と採用しなかった精神と相通じるものがあるように思える。当時のスポーツ界、とくに教育者を兼ねた指導的な立場のエリートたちは、選手がフェアプレー精神を遵守するのは、言わずもがなの当然の「行動」だったと信じて疑っていなかったのである。

しかし、どうもこの金栗の「講評」は表向きの「タテマエ」だったとの情報もある。第1回大会で明治大の5区を走った沢田英一は、

「当時の箱根駅伝はどんなコースを通ってもいいことになっていたため、箱根町までの近道を早稲田の三浦（弥平）選手、慶應の二木（謙三）選手は11か所、高師の大浦（留市）は10か所、私は12か所あることを突きとめていた。抜け道は雑草が背丈ほどあるところから、谷間の旧道などではときどきウサギが頭上を跳ね上がって驚かされた」

と、1959（昭和34）年12月28日付の読売新聞紙上で、第1回大会を懐古する企画記事のなかでインタビューに答えている。

箱根は明治初頭まで関所が置かれていた。ということは当然、関所を避けるために脇道を抜けて峠を越す「関所破り」もあったわけで、抜け道が数多く存在していたのは地元の人にとっては〝常識〟だった。脇道を走ることで少なくとも300mくらいは短縮できたため、どうやら各校とも、金栗審判員の意に反して近道の調査を入念に研究した形跡があったようなのだ。

第1回大会の復路6区を走った明治大の山口六郎次は「朝のうちから近道を行け」と指示されたようなのだが、あいにく2月15日の箱根は前夜からの雪で3寸（約9㎝）ほどの積雪。「（いかに朝一番とはいえ）これで近道をしたら足跡でバレてしまう」と判断し、結局、近道作戦はやめてしまったと語っている（『箱根駅伝70年史』より）。

（4）中馬庚…1870～1932。鹿児島県出身。日本の教育者。元野球選手。「野球」のほか、ショートストップを「遊撃手」と和訳した。

実際、「近道作戦」は後述するような事情で往路では実現せず、また復路も雪のため断念せざるを得なかったのだが、どうも第2回大会以降はこっそりと行われていたようなのである。「抜かれてもいないのに、いつのまにか先行されている」ことがしばしば起こり、選手たちのあいだから「おかしいのでは」の声が上がり始めたからだ。

金栗のスポーツマンシップ的な理想論は確かに傾聴に値するが、箱根駅伝の現実は各校が火花を散らす対校戦でもある。脇道を抜けると雑草でスネが傷だらけになる〝副作用〟をものともせず、「勝ちたい」気持ちが先に立ち、少しばかりルールを逸脱してしまうのはきわめて人間的な行為で、容易に想像できる。

そして、面白いのはこのような〝ズル〟に対しても各校は別段咎めたりはせず、単純に「やられた！」と悔しがっただけだった。何とも人間的であると同時に、寛容かつ鷹揚な、きわめて牧歌的な時代だったのである。

往路最終走者は「午後9時53分」にゴール

さて、前述した第1回大会で「抜け道作戦」が成功しなかった理由を説明してみよう。東京の有楽町をスタートしたのが午後1時。往路は当時で7時間半から8時間以上かかっていたので、単純に計算してもゴールは午後8時半を過ぎてしまう。

2月中旬の日没時間は午後5時20分ごろ。小田原中継所でトップを走る明治大が襷を受けたのが午後6時28分。2位の東京高師が13分遅れの同41分。続いて早稲田大が僅差の同44分。そして最後尾の慶應義塾大は、先頭から1時間弱遅れの午後7時24分だった。

このような「夜間走行」になることを、前述した小田原中学の教師・渋谷寿光は当初から想定していた。もちろん当時は街灯などあるはずもなく、さらに、この日は夕刻から雪が降り始めたので月明かりも期待できない。

そのため、渋谷は教え子の小田原中学徒歩部の生徒に松明を持たせて、各校のランナーに伴走させたのである。さらには地元の青年団のメンバーが道の要所要所に立ち、選手が道を間違えたり、あるいはつまずいたりしないように、街灯代わりの松明を灯し続けたのである。

もちろん、選手たちも合宿時の練習で使っていた箱根の旅館の名前が入った提灯を手にしながら、まるで江戸時代の飛脚さながらに走ったが、この松明による「照明作戦」にはとても助けられたようだった。

ちなみに、第2回大会からスタートは午前9時になったので、ゴールは辛うじて薄暮時に早まった。加えて、数年後には電池寿命の比較的長い自転車用の乾電池が登場、急速に普及したので、選手は腰に懐中電灯をぶら下げ、辺りが暗くなり始めると点灯して走ったそうである。

さらに、地元のサポーターたちは、現在では考えられないような「安全策」も講じている。いくら箱根は当時から名の知れた観光地だったとはいえ、夜になればイノシシや野生の山犬が出没する危険性があった。そのため、これも地元の青年団の協力で、選手の通過を知らせるためと同時に、これら野生動物を威嚇（いかく）する目的で、猟銃の空砲を一定間隔で撃ち続けた。

このような地元の人たちの手厚いバックアップは、暗闇のなかを走る選手にとって大きな安心材料だったが、これでは脇道を利用して距離を〝ズル〟することなど絶対に不可能だった。〝ズル〟をした結果、イノシシや山犬に襲われる危険性もある。それ以前に、脇道との分岐点には青年団が松明を持って立っている。さらに選手のすぐ横には、これも松明を掲（かか）げた中学生が走っているのである。というわけで、第1回大会では、脇道利用の目論見（もくろみ）は、計画されたものの実行はされなかった、というよりもできなかったのである。

それにしても、真っ暗な山道をひたすら走っていたとは、現在では想像もできないが、当時は「まあ、仕方がないこと」と、あまり深刻に受けとめていなかったフシがある。それでも、競技は何とか終了した。しかし、あたりは雪が積もり、夜はとっぷり暮れていたのである。最後の走者、慶應義塾大の二木謙三が箱根のゴールに飛びこんだのは午後9時53分だった。

二木は山岳部に所属していたが、途中で道に迷い、小雪が舞い落ちるなかで木にしがみついて泣きじゃくっていたところを地元の青年団に助けられ、レースを続行した、という話も伝わっている。というわけで、さすがに闇夜（あんや）の山上りは無理があるということになり、翌年の第2回大会からは午前9時スタートになったのである。

警察官がランナーと一緒に走り出した

わずか4校の参加だけで始まった「箱根駅伝」は、翌1921（大正10）年に第2回目を迎える。金栗ら発起人たちの熱心な活動もあり、参加校は第1回大会の東京高師、早稲田大、明治大、慶應義塾大に、新たに中央大、法政大、東京農大の3校が加わり、名称も「七大校駅伝競走」になった。

日程も、現在の「箱根」に近い1月8日、9日の両日。スタートとゴールは、有楽町の報知新聞前から日比谷公園音楽堂(5)前に変わったが、一般市民の関心は、前年の第1回大会を上回り、大盛況だった。

とはいえ、第2回大会も、相変わらず〝牧歌的〟な雰囲気が色濃く残っていて、この大会では後世まで語り継がれる「珍事件」が発生した。それが世にいう「巡査伴走事件」である。

ハプニングが起こったのは、ゴールの日比谷公園音楽堂前まであと300mほどの地点、日

(5)日比谷公園音楽堂…1905（明治38）年に完成した日本初の野外音楽堂。

比谷の交差点だった。

この場所で交通整理にあたっていた前田喜太平巡査は大の駅伝ファン。ゴールを目指して次々とやってくる選手の必死に走る姿を見ていて、居ても立ってもいられなくなったのだろう、自らも選手と一緒に走り出してしまったのである。もちろん公務中なので制服・制帽のまま。選手にぴったりと付いて行き、ゴールインまでしてしまった。すっかり駅伝選手になり切り、ゴールテープを切る「栄光」の〝疑似体験〟までやってのけてしまった。

群衆の整理・警備にあたるべき現場を預かる警察官が、こともあろうに選手と一緒に走り出すという前代未聞の「珍事」に、所管の警視庁としても放ってはおけず、クビにせざるを得なかった。というより、実際は前田巡査の行動は「確信犯」だったらしく、さっさと自ら退職を申し出たのである。

この話には後日談がある。警察官を辞めた前田喜太平は、このとき以来「駅伝おまわりさん」と呼ばれ、ちょっとした有名人になっていた。彼はこの後、一念発起して憧れの駅伝選手を目指して日本大に社会人入学を果たす。

そして、1925（大正14）年の第6回大会で正真正銘の箱根駅伝選手として2区を走ったのである。そのうえ、1時間18分53秒のタイムで区間新記録もマーク、日本大の順位を8位から6位に押し上げて戸塚中継所に飛びこんでいる。ちなみに、この前田選手はのちに帝京中学の理事にまで出世している。

まさに初志を貫徹した「駅伝おまわりさん」の前田巡査、いや日本大の前田選手だったが、このとき彼から襷を受けとった3区のランナーが、さらに「大事件」を引き起こすことになるのだった。このことは次項で述べる。

さて、前田巡査のような、ルールを少しばかり逸脱した出来事は他にも見られた。それは第3回大会。この大会から出場した日本大だった。初出場だったせいか、このときの日本大のトップとの時間差は4時間47分42秒。9位の日本歯科専門学校（現・日本歯科大）にさえ遅れること2時間23分34秒と、ダントツの最下位だったが、それでもきちんと完走だけは果たした。

ところが、後日走った選手10人のうち4人が中学生（現在の高校生）だったことが判明したのである。理由は、勇んで大会参加を宣言したものの、どうしても選手を10人そろえることができず、急遽、悪いと知りつつ中学生を起用してしまったらしいのである。

しかし、このような「事件」でも大会は例によって寛容の精神を発揮する。日本大への表立った処分は行われなかった。逆に〝被害者〟でもあるはずの4人の中学生に半年間の競技出場禁止が言い渡されたのだった。

想像するに、牧歌的なこの時代は、オリンピックではないが「参加することに意義」があったのかもしれない。

前代未聞！「選手替え玉事件」の真相とは

「駅伝おまわりさん」こと前田喜太平から襷を受けとって走り出した日本大3区のランナーの名前は、記録には「吉田正雄」として残されている。ところが実際に襷を渡された選手は吉田正雄ではなかった。

戸塚中継所を走り出した吉田（と称する）選手は快調に飛ばす。6位でスタートしたが、じきに5位の明治大、4位の慶應義塾大、3位の日本歯科医専、東京高師を抜き去り、一気に2位に順位を上げたのだった。戸塚中継所では先頭の中央大と7分以上の差をつけられていたが、次の平塚中継所で4区走者の会川源三に襷を渡すときには、その差を2分ほどに縮めていた。

会川は、まさか自分の大学が2位で来るとは夢にも思っていなかった。というのも、第3回大会から参加した日本大は、ここまでの3大会はいずれも最下位。それも、1位との差がもっとも縮まった第5回大会ですら、1時間50分46秒もの差をつけられていたからだった。

さらに会川が驚いたのは、走ってきた選手が吉田正雄とは別人の、顔も見たことのない男だったことだ。この日本大の3区を走った選手が、大会終了後に「替え玉」だった事実が判明する。名前を大山某と称した人力車夫だったのである。なぜこの「替え玉」がバレてしまったたかは、大山某のランニング・フォームと掛け声が特異だったから、と伝えられている。襷を受けとった大山某は、スタートすると両腕をぴったり腰に付け、足を極端に後ろに蹴り上げる独特のフォームで走り出した。そして、先行する他校の選手を追い抜くときには「アラヨッ！」と掛け声を発したのである。当時、東京市内を走っていた人力車夫が、気合を入れるときに発していた慣習が、ここでも思わず出てしまったのだった。

日本大に抜かれた他校の選手やサイドカー(6)などで伴走していた他の大学の関係者は、この「アラヨッ！」を聞いてしまったため、「おかしい。あれは人力車夫では？」と、疑念を抱いたのである。日本大にしてみれば、大山某が発した威勢のいい「アラヨッ！」がとんだ命取りになってしまったわけだった。

日本大は大山某の力走も及ばず、この大会は10校中7位と成績はいまひとつふるわなかった。しかし、この話には後日談があり、大山某が全面的に責められる立場ではなかった事情が明らかになる。彼はけっして「プロ」の人力車夫などではなく、昼間にアルバイトで人力車を曳いていただけで、日本大の夜間部に籍を置く「勤労学生」だったのである。

しかし、当時のルールでは、この「勤労学生」の参加は認められていなかった。1911（明治44）年に「大日本体育協会」として発足した日本体育協会は、1920（大正9）年のアン

(6)サイドカー…オートバイなどの二輪車の横に取り付けられた、1人乗りの一輪の側車。

トワープ五輪の国内予選参加者の条件として「……品行方正ニシテ脚力ヲ用フルヲ業トセサルモノ」との規約を定めていた。当時、長距離走は学生のランナーよりもむしろ人力車夫のほうが能力的に優れていたようなのだが、この規約によって車夫や郵便配達夫などはオリンピックの予選や国内の競技大会から排除されるようになったのである。

現在では考えられないことだが、当時、スポーツはエリート中心で行われていて「アマチュアリズム[7]」が絶対的な「是」とされた時代だった。箱根駅伝もこの大日本体育協会の意向に倣ったのである。

第1回大会から第4回大会まで早稲田大のランナーとして4区と7区を走っていた河野一郎が「新聞や牛乳配達をし、夜間に通学している学生は、収入を得ているので職業人である。ゆえに参加できない」と主張。最終的には関係者の投票によって河野の提案が受け入れられ、1923（大正12）年の第4回大会から夜間部の学生の出場は禁じられたのだった。

日本大はこのルールを知りながら、大山某を走らせたと思われる。しかし、この第6回大会も日本大は失格にならず、記録も「吉田正雄・1時間19分55秒」が残っている（『箱根駅伝70年史』では吉田正雄の名前の横に（大山）とある）。ただし、翌1926（大正15）年の第7回大会では、日本大は前年のルール違反の責任をとって出場を辞退した。

冬の風物詩が「4月」に開催された！

1920年にわずか4校の参加でスタートした「箱根駅伝」は順調にその規模を拡大していく。第2回大会は7校、第3回大会は新たに東京帝国大学農学部実科（現・東京農工大）、日本歯科医学専門学校、日本大が加わり、10校になった。

この時代は、第1次世界大戦中の1915（大正4）年から続いていた空前の好景気が終わったときでもあった。第1回大会のわずか1か月後の3月15日、株価が3分の1に暴落、世にいう「戦後恐慌」に突入していったのである。

前述したように、東京市電に代表される労働争議、さらに1921（大正10）年11月4日には、平民宰相と呼ばれた原敬（はらたかし）[8]首相が東京駅で刺殺される血なまぐさい事件も起こる。海外では1917（大正6）年にロシアで二月革命[9]が起こり、1922（大正11）年には世界初の共産主義国家「ソビエト連邦」が成立している。

(7)アマチュアリズム…スポーツをする者は、金銭的な報酬を得ないアマチュアでなくてはならないという主張。IOC（国際オリンピック委員会）の基本理念だったが、1974（昭和49）年に五輪憲章から削除された。
(8)原敬…1856～1921。岩手県出身。第19代内閣総理大臣。爵位を持たなかったことから「平民宰相」とあだ名された。
(9)ロシア二月革命…1917（大正6）年2月にロシア帝国で起きた兵士の職場放棄から端を発した民主革命。

このような内外の慌ただしい情勢のなかでも、箱根駅伝は続けられた。そんななか、第5回大会が行われた1924（大正13）年は、前年9月1日に起きた関東大震災[10]の影響で、大会開催は不可能だと思われていた。しかし、この未曽有の危機も「箱根」は何とか乗り切る。

さらに、1927（昭和2）年の第8回大会もイレギュラーを余儀なくされた。前年の12月25日に大正天皇[11]が崩御されたのである。例年「箱根駅伝」が行われていた1月上旬は喪中期間にあたったため、第8回大会は4月9日、10日と3か月遅れで実施されることになった。しかし、4月開催では4年生はすでに卒業してしまっている。結局、参加校は早稲田大、中央大、明治大、法政大、日本大の5校のみだった。

このように、予期せぬ出来事が多発した大正末期から昭和にかけての時代でも、「箱根」は柔軟に対応し、大会の継続に努めた。

昭和に入って2回目となる1928（昭和3）年の第9回大会では、初めて関東以外の大学である関西大学が特別に参加。総合成績は10校中9位といまひとつだったが、5区を走った津田晴一郎[12]と8区の片渕昇が区間新記録をマークした。

津田はこののち、慶應義塾大に転校、1928年のアムステルダム、1932（昭和7）年のロサンゼルスの両五輪のマラソン競技に出場し、それぞれ6位、5位といずれも入賞を果たしている。

「箱根駅伝」は、関東以外の大学を特別に出場させるなど、かなり柔軟性に富んだ運営をしていたが、このような、規則にあまり拘泥しない「文化」は、競技のルール面にも表れていた。

１９３０（昭和５）年の第11回大会では、箱根駅伝では初めての途中棄権選手が出現した。日本大の９区を走っていた早瀬道雄が、途中で倒れて走れなくなってしまったのである。現在であれば、走れなくなった時点で監督が認めれば「棄権」になるのだが、当時のルールでは、当該区間のスタート地点に戻って、新たにリザーブの選手に再スタートさせてレースを続行することが許されていた。

監督車（現在の運営管理車）は交代選手を乗せて、大急ぎで当該区間のスタート地点まで戻り、レースを再開したのである。〝棄権〟した時点で2位をキープしていた日本大は当然大幅に順位を下げ、最下位の９位に後退。９区を走った「代走」伊藤祐之の区間タイムが3時間19分50秒となっているのは、このような事情があったからである。このあたりにも、「内輪」意識の強さと同時に、鷹揚で寛容な箱根駅伝の「文化」が感じられる。

(10)関東大震災…1923（大正12）年9月1日、午前11時58分32秒に発生した大地震。死者・行方不明者は推定10万5000人。マグニチュード推定7・9。

(11)大正天皇…1879～1926。諱（いみな）は嘉仁（よしひと）。明治天皇の唯一成人した男子。病弱だった。

(12)津田晴一郎…1906～1991。島根県松江市出身。現役引退後はスポーツニッポン新聞社を創立、初代社長に。1946（昭和21）年の第1回「毎日マラソン」（のちの「びわ湖毎日マラソン」）のスターターを務めた。

箱根駅伝にスキー選手やラグビー選手が出場していた?!

戦前、とくに草創期の箱根駅伝は10人の選手をそろえることが困難な大学が多く、他種目の選手を使うのはむしろ当たり前だった。

1920(大正9)年の第1回大会で5区を、第2回大会で4区を任された慶應義塾大の二木謙三の「本職」は山岳部。同じ山岳部では、早稲田大で第1回から第3回大会まで出場した麻生武治(あそうたけはる)が、山登りの5区を任された第3回大会で区間新記録をマークし、初優勝に貢献した。麻生はその後、日本が初めて参加したスイス・サンモリッツでの第2回冬季オリンピックにも出場している。種目はスキーの距離競技とジャンプだった。

冬季種目といえば、スケートが専門だった早稲田大の窪田正克は1927(昭和2)年の第8回大会と翌々年の第10回大会で、いずれも2区を走り、それぞれ区間1位と2位の成績を残している。

戦後では1949(昭和24)年の第25回大会で日本体育大が、ラグビー部の奥平憲司(おくひらけんじ)(5区)の力を借りた。チーム内の紛争により、陸上部(競走部)が一時解散していた明治大が、1956(昭和31)年の第32回大会で同校のラグビー部員を〝レンタル〟したことも有名な話である。面白いのは、同じ明治大で1984(昭和59)年の第60回と翌61回大会に出場（8区）し、区間9位と健闘した園原健弘の「本職」は競歩だった。

東大生も、箱根駅伝を駆け抜けた！

全国高校野球選手権大会に代表される学生スポーツでは、メディアはよく「文武両道」を称賛する。学生の本分である勉学をおろそかにせず、スポーツも頑張っている「学生の鑑」というわけだが、箱根駅伝でもこれぞ文武両道の「見本」の大学が出場したことがある。１９８４（昭和59）年第60回大会の東京大学である。

この年は記念大会であったため、予選会からの出場枠が11校に拡大された。そのなかで東大は見事7位に入り、本戦出場を果たしたのだ。

当時5区を走った半田禎（のちに東京海上ホールディングス常務執行役員）は「『60回大会は出場枠が増えるのでチャンスがある』と4年越しの強化計画が実った」と振り返っている。結果は20校中17位だった。

その後、東大のランナーでは、２００５（平成17）年の第81回大会で関東学連選抜の一員として8区を任された宮崎県・小林高出身の松本翔が区間10位と健闘した。しかし残念なことに、この時代の宮崎県でのテレビ生中継は往路のみ。多くの宮崎県民は、松本の雄姿をテレビで見ることができなかった。

3章——◉1932年（第13回）～1943年（第22回）
戦雲の下、つながれた襷

オリンピアンが「箱根」から続々と誕生

「駅伝」の名称の由来は、1章で触れたように、宿駅間を継走して文書や情報を伝達していた「宿駅伝馬制」の飛脚（現在の郵便配達制度）をもとに、その5文字のなかの2文字を取ったもの、との説が専らである。選手が受け渡す「襷」は、必ず伝達して目的地に届けなければならない「重要書類」に見立てた、とのいわれも、それなりに説得力がある。

中継所を鶴見、戸塚、平塚、小田原に設定したのも、鶴見を川崎に替えれば、いずれも江戸時代の宿駅が置かれた地点で、飛脚の運ぶ「重要書類」を宿駅ごとに「きちんと」伝達して、箱根の関所[1]まで届けるという「物語」にも合致している。

このようなイメージからか、第1回大会から第12回大会までは、往路のゴールと復路のスタ

ート地点は箱根の関所跡だった。しかし、飛脚制度をイメージするのであれば、関所跡ではなく、明治から始まった「郵便制度」の象徴であるべきとの考えから、1932（昭和7）年の第13回大会から箱根郵便局に変更され、これは1943（昭和18）年、戦時下で行われた第22回大会の箱根神社を除いて、1968（昭和43）年の第44回大会まで続くことになる。

戦前の箱根駅伝は、まだまだ牧歌的な雰囲気を残しており、正式な距離が計測されないまま、コースがしばしば変更された。ちなみに、初めてコースの距離が測定されたのは1955（昭和30）年の第31回大会のことである。

スタート地点も有楽町の報知新聞前（第1回大会）から日比谷公園音楽堂（第2、3回大会）に変わり、第4回から6回大会まではふたたび報知新聞前に戻っている。2区の鶴見—戸塚間も第1回から第6回大会までは、旧東海道経由だったが、第7回大会以降は京浜第1国道（国道15号）に変わった。それでも、「箱根路」は日本の物流の大動脈である東海道を走る〝本筋〟が変わることはなかった。

長らく箱根駅伝のエースランナーは、「花の」の枕詞（まくらことば）に象徴されるように、2区を走るのが半ば（なか）常識だった。しかし、「2区はエースの走る区間」との〝決まり事〟は、戦後も10年以上

（1）箱根関所…江戸幕府によって1619（元和5）年から1869（明治2）年まで、芦ノ湖畔に設置された「検問所」。おもに、武器が江戸へ持ちこまれないようにチェックを行った。

が経過した1961（昭和36）年の第37回大会からのことで、2区がこの大会から最長区間になったからだといわれている。

現在では、各校ともっとも実力の差が出るといわれている山上りの5区にエースランナーを投入するのが常道戦術化しているが、「花の2区」の言葉は〝死語〟にはなっていない。

ところが、戦前の箱根駅伝では、エースランナーは最長区間の3区を走ることが多く、次に重要視されたのが山上りの5区だった。過去の記録をひも解いてみると、そのことがよくわかる。1936（昭和11）年のベルリン五輪で銅メダルを獲得した明治大の南昇龍[2]は、箱根駅伝を経験した唯一のオリンピック・メダリストだ。箱根の実績は1935（昭和10）年の第16回大会の5区で2位、翌年の第17回大会では3区で5位。そして、銅メダル獲得後の1937（昭和12）年の第18回大会では3区を走り、区間賞を獲得している。

前述した関西大から慶應義塾大に転校した津田晴一郎も、1931（昭和6）年の第12回大会で5区を走っている。さらにベルリン五輪で5000mと10000mに出場し、トップグループ4人で熾烈なデッドヒートをくり広げた中央大の村社講平も、オリンピックイヤーの第17回大会の3区を走り、区間賞を獲得した。

さらに日本大の鈴木房重は、ベルリン五輪のマラソンこそ「補欠」だったが、第17回大会から1938（昭和13）年の第19回大会まで5区を走り、3年連続の区間賞に輝き、日本大の4

連覇に貢献している。ちなみに翌第20回大会の5区の区間賞は村社である。

『箱根駅伝70年史』のなかで、村社は「第17回大会で中大の3区走者として、戸塚－平塚の2万2000mあまりのコースを1時間12分46秒の新記録で完走し、この記録で迫るベルリン五輪最初の決勝10000mに、初めて入賞を意識。結果、その通りの走りができました」と述懐している。

このように、箱根駅伝は、競技自体と同時に、マラソンをはじめとする陸上競技、とりわけオリンピックという「世界」と戦える長距離選手を輩出する大会としても、注目を浴びるようになったのである。金栗四三が「世界に通用する選手を育てる」と、自らが発起人となってスタートさせた所期の目的が、ここにきてやっと実現し始めたのだった。

東京五輪の盛り上がりのなか、軍靴の足音が

時代は少しさかのぼるが、1928（昭和3）年の第9回大会で、明治大が初めて14時間の壁を破る13時間54分56秒で、通算4度目の総合優勝を飾った。この第9回大会では、前述した

(2)南昇龍（ナム・スンニョン）…1912～2001。ベルリン五輪金メダリストの孫基禎（後述）の2年先輩。日本に渡った直後の1935年、明治大学からスカウトされる。戦後は祖国の韓国に戻り、唱道者を歴任。

ように関西大が特別参加し、のちに慶應義塾大に移る津田晴一郎が5区で区間賞を獲得するなど、出場選手のレベルが確実に上がってきていることが証明されている。

翌1929(昭和4)年の第10回大会の復路では、前年覇者の明治大と早稲田大が死闘を演じる。平塚の中継所で明治大に3分41秒の差をつけてスタートした早稲田大の久山猛は、藤沢の遊行寺(ゆぎょうじ)(3)の坂で、急追してきた明治大の北角昌利に追い詰められ、戸塚中継所では逆に2分58秒の差をつけられて逆転されてしまう。

トップに立った明治大は、10区の権泰夏が、十数台の応援自動車やオートバイを引き連れ、早稲田大に2分26秒の差をつけて、連続優勝のゴールに飛びこんだ。総合タイムは13時間32分50秒。前回を22分以上縮(ちぢ)める好記録だった。以後、第11回大会、第12回大会は早稲田大が連覇。第13回大会は慶應義塾大が12回目の出場で、初めての総合優勝を勝ち取った。

各校がしのぎを削る熱戦が毎年展開されたこの時期、注目したいのが優勝校の総合タイムである。第11回大会の早稲田大が13時間23分29秒。第12回大会の同じく早稲田大が13時間21分15秒。第13回大会の慶應義塾大が13時間17分49秒と、年々優勝校の総合タイムが更新されている。各校の選手のレベルが確実に上がっていることが、タイムにはっきりと表れているのである。

そして、明治大が14時間の壁を突破してからわずか5年後の1933(昭和8)年の第14回大会では、早稲田大が12時間47分53秒の総合タイムで、13時間の壁もクリアしてしまったのだ。

このときの早稲田大は、1区から10区までずっとトップを守った史上初の完全優勝だった。早稲田大は4区に起用された新人の中田正男が、前半にスピードを出しすぎたせいか、小田原市街に入ったときはフラフラになってしまう。

何とか襷をつないだが、2位の慶應義塾大との差は、6分47秒から1分16秒、距離にして300mほどに縮まっていた。連覇を狙う慶應義塾大にとっては大チャンスだったが、終わってみれば早稲田大が2位の慶應義塾大に13分23秒の差をつけて、そのまま逃げ切ってしまった。

なぜ、昭和に入ってから、このように全体のタイムが伸びたのだろうか。もちろん、各校が箱根駅伝に本格的に力を入れ始めたこともあるが、近いうちに東京でオリンピックが開催される機運が高まっていたのも一因かと思われる。1929（昭和4）年に来日した国際陸上競技連盟エドストレーム会長から、「1940（昭和15）年に東京でオリンピックを開催したらどうか」という提案があったのだ。

2年後の1931（昭和6）年には、東京市議会（当時は東京は「都」ではなく「市」）でオリンピック招致活動が正式に決定。国としても1940年は皇紀（紀元）2600年(4)にあたるので、その記念行事として絶好の機会であると賛同。「国民体育向上の面ではもちろん、日本

(3)遊行寺…神奈川県藤沢市西富にある時宗の総本山。1325（正中2）年開山。正式名称は清浄光（しょうじょうこう）寺。
(4)皇紀2600年…明治政府が定めた日本独自の紀元。神武天皇が即位した年（紀元前660年）を皇紀元年とした。

への理解を世界に深めてもらう観点からも、これはプラスに作用する」となり、にわかにスポーツが脚光を浴び始めたのだった。

ちなみに、現在でも歌われている『走れ大地を』（斎藤竜作詞・山田耕筰作曲）は、1932年のロサンゼルス五輪の応援歌として朝日新聞が公募した楽曲で、当時盛んにラジオで流されていた。

そんな盛り上がりの一方で、時代背景を見てみると、昭和1ケタ時代の世情はけっして明るいとはいえなかった。1929（昭和4）年の「世界恐慌(5)」に端を発した大不況により企業の倒産があいつぎ、失業者が町にあふれ、農村は貧困に喘いでいた。一方で、大財閥などの富裕層は富を蓄積し、貧富の差が拡大していった。

1931年9月18日には、いわゆる満州事変のきっかけになる柳条湖事件(6)が起き、翌1932年には五・一五事件(7)で、時の犬養毅首相が陸海軍の青年将校らに暗殺されている。1933（昭和8）年には日本が国際連盟を脱退。さらに1936（昭和11）年の二・二六事件(8)、1937（昭和12）年には盧溝橋事件(9)をきっかけに日中戦争が始まるのである。

このようななかでも、箱根駅伝は毎年確実に実施され、各校がしのぎを削っていた。前述の慶應義塾大・津田、明治大・南以外にも、法政大の大木正幹が1932年のロサンゼルス五輪4×400mリレーで5位。ベルリン五輪では、慶應義塾大の今井哲夫が予選落ちはしたものの、3000m障害に出場している。

ほかにも田中秀雄、相原豊次（ともに中央大）、中村清（早稲田大）、富江利直（明治大）、青地球磨男（立教大）らの「箱根組」が400mからマラソンまでの陸上競技7種目に出場したのである。メダリストこそ南ひとりだけだったが、箱根駅伝は日本陸上競技の中長距離若手選手の育成には確実に貢献していたのである。

そんななか、1935（昭和10）年の第16回大会では、13回目の出場となる日本大が初の総合優勝を果たす。日本大はこののち、1938（昭和13）年まで4連覇を達成。その原動力となったのが4年間5区を走った鈴木房重で、2年から3年連続で区間賞を獲得。身長162cmの小柄な体で地をはうような走りは、まさに戦前の「山の神」。各校の驚異の的だった。

鈴木は国内の競技でベルリン五輪金メダリストの孫基禎(10)に次ぐ2位に入り、ベルリン五輪

(5)世界恐慌…1929（昭和4）年にアメリカから始まり、世界的に波及した深刻な経済恐慌。日本では「昭和恐慌」とも。
(6)柳条湖事件…日本の関東軍が南満州鉄道を爆破し、中国軍の犯行として占領の口実とした。満州事変の発端に。
(7)五・一五事件…政党政治の腐敗から、政治改革を目指す軍部の若手将校らが起こした政治テロ。
(8)二・二六事件…陸軍の青年将校が蜂起したクーデター未遂事件。高橋是清大蔵大臣他5人の要人が殺害されたが、3日後に鎮圧された。
(9)盧溝橋事件…北京郊外の盧溝橋で起きた、日本軍と中国国民革命軍との衝突事件。
(10)孫基禎（ソン・ギジョン）…1912〜2002。日本統治時代の朝鮮出身のマラソン選手。アジア出身者としては初めての五輪マラソン金メダリスト。

マラソンの日本代表に選ばれる。しかし、体調を崩し、マラソンではなく１００００ｍにエントリー変更したが、残念ながら成績は残せなかった。

戦前のこの時代は多数のオリンピアンを輩出すると同時に、慶應義塾大の初優勝、早稲田大の完全優勝、日本大の４連覇など、大学対抗の面からも箱根駅伝にとっては充実した時代だった。しかし、東京五輪の開催決定で盛り上がったスポーツ熱も、日中戦争が始まったあたりから雲行きが怪しくなってくる。

１９４０年に東京で開催される予定だったオリンピックも、１９３８年７月15日の閣議で正式に辞退することが決まる。そして翌１９３９（昭和14）年８月１日にはドイツがポーランドに侵攻し、第２次世界大戦が勃発。日本も戦時態勢に突入し、１９４０年の第21回大会ののちには、東海道の道路使用が軍部から禁止されてしまう。世の中は、駅伝どころではなくなる事態に直面するようになっていくのだった。

「駅伝有害論」が突如、沸き起こった

昭和に入ってからの８年間、箱根駅伝の優勝校は早稲田大、明治大、慶應義塾大の３校で占められていた。内訳は早稲田大５回、明治大２回、慶應義塾大１回。そして、前述したように

1935（昭和10）年からは、日本大が破竹の4連覇を達成する。

しかし、日本大4連覇の直後、1939（昭和14）年の第20回大会の総合優勝は専修大だった。1934（昭和9）年の第15回大会に初めて参加して13チーム中10位。そこから6位、7位、5位、2位と順位を上げていき、ついに6年目で念願の初優勝に輝いたのである。

専修大の初優勝はもちろん賞賛に値するのだが、この第20回大会の出場校を見てみると、優勝常連校の早稲田大、明治大、慶應義塾大の名前が見えないのである。第20回大会だけではない。早稲田大と慶應義塾大は、その前年の第19回大会と翌年の第21回大会にもエントリーしていない。いったい何が起きていたのだろうか。

この時期、陸上競技界では、慶應義塾大と早稲田大を中心に「駅伝有害論」が真面目に唱えられていた。ひと言でいえば「10000m、5000mといったトラックでの中長距離種目の強化を図るうえで、駅伝は好ましくない」との見解である。

理由は「固い道路を走る駅伝は、トラック競技に必要な足腰のバネの力を阻害する」というものだった。この時代、早慶が中心になって喧伝されていたこの「理屈」はそれなりの説得力があったようで、早慶両校の他、法政大も第20回大会への参加を取りやめてしまった。

「駅伝有害論」を真っ先に提唱した慶應義塾大は、戦後すぐに行われた1947（昭和22）年の第23回大会にこそ出場したものの、1951（昭和26）年以降も8年間、自説を奉じて、箱根駅伝には予選会も含めていっさい出場しなかったのである。

慶應義塾大が主張した「駅伝有害論」は、論理的にはもっともだと思われる面もあり、否定はできない。当時、選手が履いていた靴は、底がゴムでできた金栗足袋の改良品がほとんどだった。金栗足袋とは、ストックホルム五輪で途中棄権せざるを得なかった悔しさから、金栗四三が足袋製造業ハリマヤ（播磨屋）の黒坂辛作（NHK大河ドラマ『いだてん～東京オリムピック噺から』では、当初ピエール瀧が演じ、のちに三宅弘城に交代した）と二人三脚で開発した、マラソンに特化したゴム底の特製シューズである。

しかし、現在の厚底シューズに代表される、機能を極限まで追求したシューズとは雲泥の差があり、衝撃吸収の面からすると、当時トラックで使用されていた表面が比較的柔らかいアンツーカー[11]にくらべると、舗装された一般道を走る駅伝はどうしても足首や膝への負担が大きくなる。「駅伝有害論」は、言葉を換えれば、シューズの問題でもあったのだが、当時の技術では解決策は見出されず、結局「固い道を走らないように」となってしまったのである。

有害論を受け入れて参加を取りやめた大学が存在した事実からすると、恐らく、足首や膝、あるいは腰などに故障を抱えた選手も現実にはいたのではないかと思われ、現場を預かる身としては切実な問題だったのだ。

この「駅伝有害論」による早慶明の不参加で、第20回大会は2区でトップに立った専修大がそのまま逃げ切り、箱根駅伝の長い歴史のなかで、唯一無二の総合優勝に輝いた。専修大は前年の第19回大会で2位に食いこんだ実力校ではあったが、次章で詳述する〝僥倖(ぎょうこう)〟も含めて、箱根駅伝史に特殊な「足跡」を残したチームでもあった。

戦争で消えかかった箱根駅伝の灯

1937(昭和12)年の盧溝橋事件で始まった日中戦争は、終わるどころか長期化の様相を呈し始めていた。翌1938(昭和13)年4月1日には国家総動員法[12]が公布され、戦時体制がじわじわと構築されていく。国民の日々の生活にも制限が加えられ始め、娯楽面でも、たとえば、野球連盟は「ストライク」「ボール」などの英語の使用を禁止する決定を下した。

そしてついに箱根駅伝にも、その影響が具体的に及んでくるのである。1940(昭和15)年の第21回大会を最後に、幹線道路の東海道(国道1号、同15号)の使用が禁止される。

軍事がすべてに優先される時代がやってきたのだ。「有事の際の兵員や武器・弾薬をはじめ

(11)アンツーカー…陸上競技場やテニスコートで使用される、高温で加工されたレンガ色の人工土。フランス語で「全天候型」の意味。

(12)国家総動員法…日中戦争の長期化による国家総力戦遂行のため、すべての人的、物的資源を政府が統制運用できる旨を規定した法律。

とする軍事物資の輸送がいつ何時発生するかわからないから」というのが理由だった。

箱根の山では、陸軍の戦車部隊が山岳走行を行っていた。秘密裏の軍事訓練なので、箱根で走ることは当然できなくなった。世の中はもう、完全に駅伝どころではなくなってしまっていたのである。

さらに１９４２（昭和17）年、これまで主催者として箱根駅伝をバックアップしてきた報知新聞社が、業績の悪化と新聞統制[13]令により、読売新聞社に吸収合併されたこともあり、１９４１（昭和16）年の第22回大会の開催は事実上不可能になっていた。

それでも当時の各校の学生たちは、簡単にはあきらめなかった。「東海道を走れないのなら、走れるところで競走しよう」と別コースを設定。決まったのが、明治神宮水泳場（現在の首都高速道路外苑料金所入り口付近にあった）から東京郊外の青梅町（現・青梅市）の熊野神社を往復する８区間１０７㎞の駅伝だった。

開催日時は箱根駅伝と同時期の1月12日。13校の参加で1区は明治神宮―吉祥寺の設定だった。ただし名称は、戦時下らしく「東京青梅間大学専門学校鍛錬継走大会」となった。

この「青梅駅伝」は、10か月後、11月30日にも開催された。１９４１年の11月30日は、日本がアメリカとの太平洋戦争に突入した真珠湾攻撃のわずか8日前。日米開戦が必至の情勢のなか、「もう来年は、箱根どころか駅伝競走も開催できないだろう」との思いから、学生をはじめとするOBや関係者が動いたのである。『箱根駅伝70年史』には、このあたりのいきさつ、つまり軍に在籍するOBを伝手に文部省（現・文部科学省）や陸軍省にお願いに行く様子がOBたちの座談会のなかで明らかにされている。

なぜ、11月に2回目の「青梅駅伝」が実施されたのか。これには学生の「繰り上げ卒業」が関係していた。従来の卒業時期は現在と同じ3月である。しかし、政府が軍の意向を酌んで4か月早めて11月30日を卒業日と決めてしまった。兵士の絶対数が不足するようになり、現役の大学生も召集の対象とするために、卒業の時期を早めたのだった。ということは、選手にしてみれば翌年1月はすでに大学生ではなくなってしまっている。走れる機会は11月いっぱいしかなかったのである。

日中戦争が泥沼化する一方で日米開戦が目前に迫り、選手自身にもいつ火の粉が降りかかってくるかわからないなか、「何とか駅伝を開催したい」「仲間たちと一緒に走りたい」という切実な「思い」がひしひしと伝わってくるのがこの「青梅駅伝」だった。

ちなみに「青梅駅伝」の結果はどちらも日本大が圧勝。2位は東京文理科大（のちの東京教育大、現・筑波大）、3位は専修大だった。11月30日に行われた2回目の日本大の優勝タイムは

(13)新聞統制…1938（昭和13）に始まり、1942（昭和17）年に完成。新聞の統合が進み、現在の一県一紙の状況がつくられた。「新聞統合」とも呼ばれる。

1月の「青梅」よりも1分余り遅く、十分な練習ができなかった事情を数字がはっきり物語っている。出場校も1校減って12校だった。

そして、出場選手のなかには、召集され、戦死した若者も少なくなかった。この「青梅駅伝」の1回目で最終の8区を走った早稲田大の石田芳正は「あの東海道、箱根路をどうしても走りたかったので、残念でならない」と『箱根駅伝70年史』のなかで悔しい思いを語っている。その石田に臙脂の襷を渡した7区の岡崎俊夫も、その後召集され、戦死している。

箱根駅伝の灯は、このように戦争によって半ば消えかかっていたのだが、選手、関係者はそう簡単には灯を消したりはしなかった。何とこの後、戦時下の1943（昭和18）年にも箱根駅伝が実施されるのだった。

戦火のなかで行われた〝最後〟の箱根駅伝

1941（昭和16）年にハワイ真珠湾への奇襲攻撃でアメリカに先手を打った日本は、翌1942（昭和17）年2月には、当時イギリスの植民地だったマレー半島のシンガポールに攻め入り、イギリス軍を追い出して占領する。

しかし、その後はアメリカを中心とした連合軍の反攻が凄まじく、同年6月5日から7日までのミッドウェー海戦(14)で、空母4隻、航空機390機、兵3057人を失った日本は、このときから敗戦への道をひた走ることになる。

軍部は日本国民向けのプロパガンダとして、さかんに日本の善戦をアピールしたが、現実は1月13日に家庭の鉄鍋さえも強制的に供出させる指示が出たほど、物資が欠乏していた。さらにアメリカ軍のB－25爆撃機16機による東京、横須賀、横浜、名古屋、神戸への本土空爆も始まり、一般国民も戦況の悪化を肌で感じざるを得なくなっていた。

前述したように、当時の大学生は、将来国を背負って立つ「エリート」として世間に認められていたので兵役を免除されていたが、このころからそのような悠長なことはいっていられなくなった。つまり、大学生にも「赤紙」と称された召集令状が届くようになってくるのである。

「戦地に行って死ぬ前に、もう一度箱根を走りたい」との選手たちの思いは切実だった。学生たちは文部省や陸軍省に奉職していた各校陸上競技部のOBに果敢にアプローチ。「何とか箱根駅伝の開催を」と奔走する。その結果、何とこれが実現するのである。

戦時下での学生の競技が2年のブランクを経て、1943（昭和18）年1月5日、6日の2日間で挙行されることになったのだ。

(14)ミッドウェー海戦…1942（昭和17）年6月5日から7日にかけて、中部太平洋上のミッドウェー島付近で行われたアメリカ軍と日本海軍の大規模な戦い。以後、戦争の主導権がアメリカに移る。

さすがに戦時中だけあって、名称は「紀元二千六百三年・靖国神社・箱根神社間往復関東学徒鍛錬継走大会」となった。戦時下らしく神社への「必勝祈願」と若者の戦意高揚につながる「鍛錬」の意味合いが、大会の名称からも見てとれる。

この時期は戦時色がますます濃厚になり、不要不急のスポーツ大会も制限されるようになった。1942年4月に文部省内に学校体育の統括組織として「大日本学徒体育振興会」が誕生。そして7月には文部・厚生（現・厚生労働省）両省の通達で、スポーツの全国的行事は全面的に中止させられてしまった。

何しろ行政よりも軍部が強かった時代である。すべての行事が軍部の胸先三寸（むなさきさんずん）にかかっていた。どうやら箱根駅伝が曲がりなりにも開催された勝因は、「戦勝祈願」と靖国―箱根の「神社間往復」の文言（もんごん）が、気難しい軍部の首を縦（たて）に振らせたようだった。

当時の状況を第22回大会で立教大の7区を走った高橋豊は『箱根駅伝70年史』のなかで以下のように語っている。

「靖国神社を参拝して結団式をやって、箱根でも箱根神社で（戦争の）必勝を祈願したのを覚えています。そうしなかったらダメだったのですから」

このときは「〝最後の箱根駅伝〟になるかもしれない」状況下だっただけに「駅伝有害論」を唱えていた慶應義塾大、早稲田大も加えた11校が参加。そのなかで、当時学生最強を誇っていた日本大が総合優勝を飾った。出場した11校のなかには初出場の青山学院大も含まれていた。

ただし、優勝した日本大のタイムは3年前の優勝時とくらべて30分以上遅くなっている。練習不足、選手不足、食糧事情の悪さが要因だったことが容易に想像できる、そんな時代だったのである。箱根駅伝の風物詩でもあったコーチのサイドカーでの並走も、ガソリン不足からかなわず、自転車に変更になった。ベルリン五輪に参加した中央大ＯＢの田中秀雄は、スタートから箱根の山上りの手前まで自転車を漕ぎながらつきっきりで檄(げき)を飛ばしていたそうである。

この大会は戦後しばらくのあいだ、「１９４３年の大会は箱根駅伝に含まない」とされていた。しかし、２０１１(平成23)年、靖国神社で開催された「スポーツと靖国神社展」で展示された優勝旗には、関東学生陸上競技連盟の略称「ＫＧＲＲ」の文字と「皇紀２６０３年」の年号がくっきり記されていた。

確かに戦時中に開催されたイレギュラーな大会で、名称も「箱根駅伝」ではなかったが、このときから正式な箱根駅伝として「第22回」にカウントされるようになったのである。

戦時下のスポーツといえば、１９４３年10月21日、雨中の明治神宮外苑競技場(現・国立競技場)で挙行された「出陣学徒壮行会(15)」に先立ち、同月16日に早稲田大学の戸塚球場で行わ

(15)出陣学徒壮行会…それまで徴兵を猶予されていた文系の学生も戦地に送られることとなり、文部省主催によって全国7都市で行われた壮行会。首都圏では77校が参加した。

れた、野球の、いわゆる「最後の早慶戦」があまりにも有名だが、この〝最後の箱根駅伝〟も、選手たちの競技に寄せる純粋な矜持と愛着の表れとして特筆に値する出来事であったはずだ。優勝は日本大だったが、ゴールの靖国神社では、選手たちは敵も味方もなく抱き合って涙を流していたそうである。

そして、その後、戦局はいよいよ逼迫の度合いを深めていく。結局、箱根駅伝の開催は１９４７（昭和22）年の第23回大会まで待たなければならなくなってしまった。

学徒として出陣し、還らなかった選手たち

１９４３（昭和18）年、「死ぬ前にもう一度箱根を走りたい」との切羽詰まった選手たちの望みがかなって開催された「紀元二千六百三年・靖国神社・箱根神社間往復関東学徒鍛錬継走大会」で立教大の３区を走った高橋和民は、この自身３度目の箱根駅伝が文字通り「最後の箱根」になってしまった。高橋は２年後の１９４５（昭和20）年、陸軍に入隊し、同年フィリピンのルソン島で戦死している。

当時、スポーツ選手の戦死はけっして珍しい出来事ではなかった。プロ野球では東京巨人軍の沢村栄治⒃投手があまりにも有名で、現在も先発完投型の投手に与えられる最高の栄誉であ

る「沢村賞」にその名を残している。どうしても沢村ひとりの戦死がクローズアップされがちだが、東京ドームの敷地内に建立された「鎮魂の碑」には76人のプロ野球戦没者の名前が刻まれている。

オリンピアンでは、映画『硫黄島からの手紙』（2006年公開、C・イーストウッド監督）にも登場した1932（昭和7）年のロサンゼルス五輪で馬術の障害飛越競技金メダリストの「バロン西」こと西竹一陸軍中佐（映画では伊原剛志が演じた）が有名だが、高橋和民のように、箱根を走った選手たちのなかにも非業の死を遂げた者はけっして少なくない。

日本大の鈴木房重は、先述したように1935（昭和10）年から6年連続で5区の走者を務めた。そのうち2年生のときから3年連続で区間賞を獲得。「箱根の職人」「宮ノ下の勇者」などと称された山上りのスペシャリストだった。

鈴木は、1935年の第16回大会からの日本大の4連覇に貢献。さらに1年おいた1940（昭和15）年の第21回大会で優勝旗を奪い返すなど、日本大の第1期黄金時代を象徴する選手だった。鈴木はのちに陸軍に召集され、終戦間近の1945年6月3日、フィリピン・ルソン島で戦死、31歳の短い人生を終えている。

(16)沢村栄治…1917〜1944。三重県出身。京都商業学校時代の1934（昭和9）年、日米野球でベーブ・ルースらを手玉にとる。1944年にフィリピン近海で乗っていた輸送船が撃沈され死亡。

少し前の時代になるが、慶應義塾大の北村義男は１９３０（昭和５）年の第11回大会から１９３４（昭和９）年の第15回大会まで５年連続で４区と６区を走り、１９３２（昭和７）年の慶應義塾大が出場12回目にして初めてつかみ取った優勝に貢献した。卒業後は、故郷の京都府亀岡市に戻り、京都瓦斯（現・大阪ガス）に勤務していたが、１９４４（昭和19）年に召集され、フィリピンのホロ島で亡くなっている。

鈴木房重と同時代に活躍した日本大の大沢竜雄も非業の死を遂げたうちのひとりだった。１９３７（昭和12）年の第18回大会から４年連続で、それぞれ４区、８区、６区、３区を走ってそのうち８区と６区で区間賞を獲得している。１９４０年に開催される予定だった「幻の東京オリンピック」の有力な候補選手のひとりといわれていた。１９４１（昭和16）年の１月と11月に開催された「青梅駅伝」でも最長区間（18・９㎞）の３区（府中－福生）を走り、２度とも区間賞を獲得している。

大沢は大学を卒業すると陸軍に入隊。１９４４年、パラオ・マリアナ戦役でのアンガウル島の戦いで27歳の生涯を閉じている。大沢の故郷である栃木県佐野市では、彼の偉業と功績を称え、１９５１（昭和26）年１月14日に「大沢竜雄記念駅伝」が開催され、これは今日まで連綿と続けられている。

１９３９（昭和14）年の第20回大会で悲願の初優勝を飾った専修大の山下勝は１９４０年の

東亜競技大会(17)5000mで、当時国内最強といわれた中央大の村社講平（むらこそこうへい）を破っている精鋭だった。卒業後はNHKに入社し、その後召集され、日中戦争で北支（中国北部地方で現在は「華北」と呼ばれる）を転戦中の1942（昭和17）年に戦死している。

彼もまた、その功績を称えられ、1947（昭和22）年に地元の神奈川県藤沢市で「故山下勝選手記念賞争奪短縮マラソン大会」がスタートした。この大会はその後、38回にわたって続けられ、現在の「よこすかシーサイドマラソン」に引き継がれている。

箱根を走り、そして戦場に散華（さんげ）していった選手はここに紹介した人たちだけではない。考えれば考えるほど無念な気持ちにさせられるが、彼らの「遺志の襷」は今日に至るまで、後継者たちが脈々とつなぎ続けているのである。

(17)東亜競技大会…1940（昭和15）年から3回にわたって開かれた東アジア地区の競技大会。戦前・戦中の日本がスポーツを政治利用した具体例のひとつ。

過去99回の歴史を持つ「箱根駅伝」を記録の面からひも解いてみると、数字の裏に隠された各校の喜怒哀楽（きどあいらく）の情景が目に浮かんでくる。襷をつなぐ選手たちは、自身の成績はもちろん、背負っている大学のために必死で箱根路を走る。

ということで、さまざまな角度から見た出場大学別のデータから、どんな「悲喜こもごも」があったのかを調べてみた。

当然伝統校の出場回数は多くなるに決まっているが、多く出場しているからといって優勝回数が多いとは限らない。ふたつのデータの相関を見てみよう。

出場回数ランキング

順位	学校名	回数
1	中央大学	96回
2	早稲田大学	92回
3	日本大学	89回
4	法政大学	83回
5	東洋大学	81回
6	日本体育大学	75回
7	専修大学	71回
8	東京農業大学	69回
9	明治大学	64回
〃	順天堂大学	〃

総合優勝回数ランキング

順位	回数	学校名
1	14回	中央大学
2	13回	早稲田大学
3	12回	日本大学
4	11回	順天堂大学
5	10回	日本体育大学
6	8回	駒澤大学
7	7回	明治大学
8	6回	青山学院大学
9	4回	東洋大学
〃	〃	大東文化大学

さすがに古くからの伝統校といわれている中央大、早稲田大、日本大あたりは、それなりの成績を残している。往路と復路を共に制する「完全優勝」も中央大と日本大が多い。出場回数が少ない割に、優勝回数が多い大学が青山学院大。出場回数は28回だが優勝は6回。〝優勝率〟は2割1分4厘という高さ。出場回数の多い割に、優勝経験がいまだにないのが83回の出場回数を誇る法政大だ。数多く出場している大学が、優勝への最短距離にいるというわけではないのである。

完全優勝回数ランキング

順位	回数	学校名
1	9回	日本大学
〃	〃	中央大学
3	5回	早稲田大学
〃	〃	日本体育大学
5	4回	青山学院大学
6	3回	順天堂大学
〃	〃	駒澤大学
〃	〃	東洋大学
9	1回	大東文化大学
〃	〃	山梨学院大学
〃	〃	神奈川大学

「優勝率」ランキング

順位	学校名	優勝率
1	青山学院大学	2割1分4厘
2	順天堂大学	1割7分2厘
3	中央大学	1割4分6厘
4	駒澤大学	1割4分0厘
5	日本大学	1割3分5厘

4章——混乱に耐えて、新春の風物詩に

◉1947年（第23回）～1965年（第41回）

選手は寄せ集めでも、駅伝がみごと復活

終戦後、切り替えの早い日本人は、すぐに復興に動き始める。もちろんスポーツ界も例外ではなかった。終戦からわずか93日後の1945（昭和20）年11月18日には神宮球場でオール早慶戦が行われ、プロ野球も同年11月23日に巨人・名古屋・セネタースの東軍と、阪神・南海・阪急の選手で構成された西軍との「日本職業野球連盟復興記念東西対抗戦」が神宮球場で開催されている。

翌1946（昭和21）年には、日本で初めてのスポーツ専門新聞「日刊スポーツ」が刊行される。このように、いまも昔も人々の気持ちを明るくしてくれるのはスポーツの持つ力なのだろう。そして敗戦から1年4か月半後の1947（昭和22）年1月4日、5日に箱根駅伝も復

活を遂げる。4年ぶりの大会は「東京箱根間往復復活第1回大学高専駅伝競走」の名称で開催に至ったのである。

当時は戦後の物不足が甚だしく、毎日の食糧も満足に得られなかった。1948（昭和23）年の第24回大会で5区を走った中央大の西田勝雄が、

「合宿で夜12時ぐらいになると一人が『腹減ったね』というと、あちこちから『減ったね』の声が沸き起こって『じゃあ、みんなで行こうか』となり、近くの畑に行ってちょっと失敬したりして……」（『箱根駅伝70年史』より）

と述懐するほどの食糧難だった。食べ物だけではない。まともなトレーニングウエア、靴も用意できない時代だったのである。それでも、10校が何とか10人の選手をそろえて参加したのである。そのなかには初出場の神奈川師範学校（現・横浜国立大学）と東京体育専門学校(1)の2校もあった。

前述したように、各校の選手のなかには外地で戦死したり、いまだに帰還できないでいる者もいたので、各校とも10人のメンバーをそろえるのに相当苦労したようだ。長距離が専門ではないトラック種目の選手はもちろん、投擲競技の選手が起用されたり、なかには長時間走れる

(1)東京体育専門学校…前身は1924（大正13）年設立の体育研究所。1944（昭和19）年に「東京体育専門学校」へ改称。その後、新制「東京教育大学体育部」の母体となり、現在の筑波大学に至る。

スタミナを期待されて、ラグビーやスキーの距離競技の選手も駆り出された。

復活第1回の第23回大会で優勝した明治大で5区を走った岡正康が、当時の状況を次のように振り返っている。

「うちのメンバーのなかに400メートル障害の小林一郎君（9区）が走っているんです。僕は短距離ランナーを使うことは、春のシーズンに向けて選手を壊すことになるから反対だったんですが、本人はどうしても出たいというんですよ。その理由を聞くと『駅伝の興奮はグラウンドとは全く違う』といって、きかないんだ」（『箱根駅伝70年史』より）

それだけ、箱根駅伝は〝熱の入る〟大会だったのである。前述の西田は後日、同窓会で当時の応援団長と話す機会があったそうで、団長は「（駅伝は）東京六大学野球やラグビーとは比べものにならない」と、応援のしがいが半端じゃない箱根駅伝の魅力を語っていたそうである。

そんな状況のなか、レースは白熱した展開を見せる。まず1区では早稲田大の後藤秀夫が先頭に立つ。後藤は生粋の長距離選手。3区まで首位をキープした早稲田大だったが、4区で明治大の沢栗正夫に追い上げられ、トップの座を奪われる。続く5区の岡正康がそのまま首位を独走し、2位の中央大・末永包徳に2分4秒の差をつけて往路のゴールに飛びこんだ。

岡は、この年に行われた第30回日本選手権陸上競技大会の5000mで優勝。箱根駅伝では5区を専門に走り、翌1948（昭和23）年の第24回大会で3位、第25回大会で優勝した明治大に好成績をもたらしている。

写真を見る限り、当時の箱根の山道はまだ舗装が十分にされておらず、石がむき出しになっている箇所もあり、岡は後年、当時を振り返って「何度も石に足を取られて転(ころ)びました。顔を血だらけにしながら走ったものです」（『箱根駅伝70年史』より）と、終戦直後の大会の状況をしみじみ語っている。

この第23回大会、明治大は復路でも一度も首位を奪われることなく、１９２９（昭和４）年の第10回大会以来18年ぶりの優勝を飾る。戦後２年目、世の中は窮乏(きゅうぼう)生活を強(し)いられていたなかでの大会だったが、箱根駅伝は想像以上の人気で、当時の写真を見てみると最終10区を走った明治大の田中久夫が、わずか57秒の差で中央大の平井文夫を振り切ってゴールに飛びこんだシーンは、まるでロックコンサートの会場のような状況。学帽をかぶった学生服姿の男たちにもみくちゃにされた白いトランクス姿の田中がひときわ目立っていた。

ゴール後にはミス三越、ミス白木屋(2)、ミス高島屋からそれぞれ花束を贈られたそうで、それだけ各校の関係者はもちろん、一般の関心も高かったスポーツ・イベントだったことを物語っている。

(2)白木屋…かつて、東京・日本橋に存在した百貨店。１９６７（昭和42）年に東急百貨店と合併し「東急百貨店日本橋店」に改称。１９９９（平成11）に閉店。跡地は「コレド日本橋」になっている。

しかし、このときの明治大の総合タイムは14時間42分48秒。これは、ほぼ同じコースで争われた1940（昭和15）年の第21回大会で優勝した日本大の13時間12分27秒よりも1時間半ほど遅く、1921（大正10）年の第2回大会で同じく明治大が優勝したときの14時間39分1秒にさえも及ばないタイムだった。有力な選手を集められず、道路事情、さらに食糧事情も悪かった戦争の「後遺症」が、はっきりタイムとなって表れたのである。

アクシデント続発の要因となった食糧事情

戦後2回目、1948（昭和23）年の第24回大会から、ここまで大会を支えてきた報知新聞社が、この年から読売新聞社に変わった。

報知新聞社は、関東大震災前には発行部数36万部で東京地区1位を誇っていた名門紙だったが、震災後に朝日、毎日の大攻勢で始まった「新聞戦国時代」で後塵（こうじん）を拝し、昭和に入ってから業績が芳（かんば）しくない状態が長く続き、1930（昭和5）年には大日本雄弁会講談社（現・講談社）に買収されてしまう。

1932（昭和7）年には社名を「報知新聞」から「報知新聞社」に変更するが、業績は少しも上向かず、1941（昭和16）年、読売新聞が報知の経営を引き受けることになり、翌1

942（昭和17）年の新聞統制令もあって、実質的には読売新聞に完全に吸収されてしまったのである。題字も一時「読売報知」となったが、戦後の1946（昭和21）年5月、由緒ある「報知」の名前は消える。「報知」の名が復活するのは、1949（昭和24）年にスポーツ紙に姿を変えて再び読売の傘下(さんか)に入るまで待たなければならなかった。

このようないきさつもあり、第24回大会から箱根駅伝は読売新聞社と関東学生陸上競技連盟の共催となり、スタート・ゴール地点も、前年の11月16日に銀座に移転した読売新聞社前（現在のマロニエゲート銀座2）になったのである。

この第24回大会を制したのは中央大だった。1926（大正15）年の第7回大会以来、じつに22年ぶり2度目の優勝を完全制覇で飾ったのである。立役者は5区を走った西田勝雄だった。

福岡県出身の西田は、子どものころから自宅近くの山を登っていた経験から5区を任され、第24回大会を皮切りに1953（昭和28）年の第29回大会まで6年連続で5区を走り、第26、27、28回大会では3年連続で区間賞を獲得した、文字通り「元祖・山の神」だった。西田は戦後、日本が初めて参加を許されたフィンランドでのヘルシンキ五輪のマラソンにも出場。完走して日本人としては最高の25位になっている。

平和な時代の到来のなかでスポーツの人気はいやがうえにも盛り上がりを見せ、箱根駅伝も年々ヒートアップしていく。沿道のファンもそうだが、何といっても強烈な熱気を振りまいていたのが各校の応援団である。

選手のすぐ後ろに応援団を乗せたトラックがピタリとくっつく。荷台には羽織袴に白襷姿の応援団長の他、学生服と学帽を身にまとった団員が振り落とされるのではないかと思われるほど鈴なりになり、石油缶や太鼓を叩き、なかには酒の入った一升瓶をラッパ飲みしながら、「それ行け！」「がんばれ！」と大声でがなり立てて、選手を激励するのである。

選手の横にはサイドカーが並走、側車に乗った監督（コーチ）がこれまた大声で檄を飛ばす。さらに、その反対側には自転車に乗って並走する大学関係者が「それ行け！」と選手を鼓舞。当時の写真には、左右と真後ろからの「激励の嵐」のなかを一心不乱にひたすら走る選手のショットが残されていて、これがまた箱根駅伝の「名物」にもなっていた。このような状況のなかで走らなければならない選手は、確かに実力以上の「底力」を発揮できたかもしれない。しかし、逆に相当なプレッシャーも感じていたはずだ。

案の定、戦後3回目の1949（昭和24）年の第25回大会でアクシデントが発生する。3年連続3度目の出場となった神奈川師範（現・横浜国立大学）の3区今井実が、平塚中継所まであと数キロの地点で意識を失って昏倒。審判長の判断で棄権を余儀なくされたのである。

ルール上は3区の出だしからの再スタートも可能だったのだが、あまりにも次の中継所に近かったため、棄権を選択せざるを得なかった。気温2℃、風速7mの風が原因だといわれているが、戦後の食糧事情の悪いなかで、十分な栄養がとれないまま無理して練習を重ねて本番に臨み、熱狂的な応援のなかで無我夢中で走らざるを得なかった事情が、このような結果を招いた遠因だったとも思われる。

神奈川師範は途中棄権になったが、前年の第24回大会で優勝を果たした中央大も急ブレーキがかかっている。1区でライバルの明治大に1分47秒の差をつけられた遅れを取り戻そうと、2区の1年生・井上俊一が前半からハイペースで飛ばす。

しかし、このツケが後半に回ってきた。最後はバテバテになりながら何とか襷だけは3区の南木信吾につないだが、タイムは区間11校中の8番目。順位も2位から7位に落ちてしまったのである。こうなると、中央大の期待はいやがうえにも5区の西田にかかってくる。大応援団が期待するなか、大学長距離界の第一人者といわれていた西田は必死に飛ばす。前を行く日本体育大の奥平憲司（おくひらけんじ）に近づく。奥平は本来ラグビーの選手。簡単に抜き去ると誰もが思っていたが、奥平も粘る。

すると、ゴール目前の芦ノ湖で西田が急に失速。ついには歩き始めてしまったのである。ピッタリ後ろについた大応援団や、この時代許されていた伴走者に励まされながら、走っては倒れ、また走っては歩き、そして倒れをくり返していたが、ついにゴールの箱根郵便局の手前200mの地点で、西田は倒れたまま動かなくなってしまった。

慌てたコーチたちが西田を担架に乗せてゴールさせたが、これはルール上歴然とした失格である。もちろん批判も出たが、この文字通りの「死闘」に、観ていた各校とも、明日は我が身と同情したのか、審判長の栗本義彦が往路終了後、各校のキャプテンを集めて意見を求めたところ、全校一致で中央大のレース継続が認められたのであった。栗本は後日「学生の健康管理を考えるとあれでよかった」と回顧している。

まさに、武士の情け、惻隠の情の発露。中央大は復路7区の牧野信弘から10区の高杉良輔までの4選手がすべて区間賞を獲得する快走を演じ、4位で大会を終えることができたのである。

過熱する応援、その応援を背に張り切らざるを得ない選手。加えて戦後の不十分な食糧事情。このような条件が重なっての第25回大会でのアクシデントだったのかもしれないが、じつは2年後の1951（昭和26）年の第27回大会でも、東京農大の8区・青木弘が中継所手前150mの地点で転倒して動けなくなり、応援団に助けられる「事件」が発生している。しかし、このときは、東京農大・伊達定宗コーチが自ら失格を申し出たのである。

映画監督・篠田正浩「花の2区」を走る

「もはや戦後ではない」の文言は、一般的には1956（昭和31）年の経済白書の締めくくりの言葉として有名である。１９５０（昭和25）年に始まった朝鮮戦争(3)での特需効果もあり、戦後10年を待たずに日本の復興は本格的に軌道に乗り始めた。しかし、「戦後」を否定したこの文言は、逆に見てみると、昭和20年代はまだまだ「戦後」だったわけである。

街には、米兵が運転するアメリカ製の大型乗用車シボレーやフォードが我が物顔で走っていた。かたや敗戦国の日本人は衣食住すべてが欠乏状態。戦災孤児が上野駅の地下道をねぐらにしていた。

しかし、こんな時代にもかかわらず、若い人たちは意外に元気だった。なぜなら、戦争中にすべての生活が軍部や政府から押しつけられていた「規制」から解放されたからである。つまり、吹き始めた「自由の風」を謳歌（おうか）できたからだ。同時に、世界の舞台で、体の大きなアメリカ人に勝つためには、日本人は体を鍛えなければ、との風潮も自然発生的に語られるようになり、１９４６（昭和21）年には、近畿地方を中心にした第1回国民体育大会(4)が開催されている。

１９３１（昭和６）年、岐阜市で生まれた篠田正浩（しのだまさひろ）少年も、そのような時代を反映した若者のひとりだった。14歳で終戦を迎えるまでは、どうやったらきちんと切腹できるかを真剣に考

(3)朝鮮戦争…１９５０（昭和25）年６月～１９５３（昭和28）年７月。１９４８（昭和23）年に成立した大韓民国（韓国）と朝鮮民主主義人民共和国（北朝鮮）のあいだで生じた紛争。

(4)国民体育大会…国民の体力向上と地方スポーツの振興を目的に始まったスポーツの祭典。各都道府県の持ち回りで開催されており、２０２４（令和６）年の佐賀国体で78回目を迎える。

えるような立派な「軍国少年」だったという。

しかし、それが1945（昭和20）年8月15日を境にがらりと変わる。文学を志すと同時に、中学時代から学校でいちばん速かった走力を生かし、県立加納高校3年のときには400mで県でトップの成績をおさめる。そして、福岡県で開かれた第3回国民体育大会の代表に選ばれたのである。

早稲田大の第一文学部に進学した篠田は、迷うことなく競走部に入部する。当時の競走部の監督はベルリン五輪の棒高跳びで銀メダルに輝いた西田修平(にしだしゅうへい)(5)。西田は篠田にこう声をかけたという。

「君は400mですか。だったら中村清(なかむらきよし)のところに行ってください」

中村清はこのとき中長距離のコーチ。後年、瀬古利彦(せことしひこ)を育てたことで有名になった、個性豊かな指導者である。篠田は中村コーチと出会ったときのこんな会話を覚えている。

「篠田、400mの世界記録は何秒だ？」と中村コーチ。「46秒フラットです」と篠田。「じゃあ、君の記録は？」と中村。「56秒です」と篠田。会話は続く。

「君のこれからの目標は？」

「大学を出るまでに51秒台で走れるようにしたいと思っています」

ここまで篠田に質問してきた中村コーチが、グラウンドの方向を指さしてこう声をかける。

「あそこで三段跳びを教えているのはアムステルダム（五輪＝1928年）金メダルの織田幹雄(6)先輩だ。こっちでブロードジャンプ（走り幅跳び）を教えているのはロサンゼルス（五輪＝1932年）の金メダリスト南部忠平(7)さん。俺たちの先輩はみんな世界的な選手なんだ。戦争に負けた言い訳ばかり言っていないで、我々も世界を目指そう」

そして、

「いま、君が走っている400mのスピードで、そのまま5000mを走ったら世界記録だ。だから、君は長距離をやらなければならないのだ。今日から5000mにしろ」

この中村コーチの鶴の一声で強引に長距離選手にさせられてしまったと、篠田は述懐している。篠田は中村の言葉に心を動かされたそうである。そして、これからの長距離はスピードの時代だとの信念のもと、来る日も来る日も山手線の内側の公道をひたすら走り回る練習を続けていく。戸塚のグラウンドを出て、大久保、新宿伊勢丹、半蔵門からお堀端、三宅坂、神田、江戸川橋、音羽町、大塚、池袋、目白、そして戸塚のグラウンドに戻るコースである。

(5)西田修平…1910〜1997。和歌山県出身。ベルリン五輪の棒高跳びで大江季雄と2位3位を分け合い、お互いのメダルを半分に切断し、銀、銅混合の「友情のメダル」を作成したエピソードで有名。

(6)織田幹雄…1905〜1998。広島県出身。早稲田大学卒業後は朝日新聞社に入社し、運動部長。のちに早稲田大学教授。

(7)南部忠平…1904〜1997。北海道出身。1932（昭和7）年のロサンゼルス五輪三段跳びの金メダリスト。引退後は大阪毎日新聞運動部長。織田、西田とともに「陸上競技界のビッグ3」と呼ばれた。

1950（昭和25）年の第26回大会で早稲田の2区を走ったのは1年生の篠田正浩だった。タイムは1時間13分20秒で、区間5位。この年早稲田大は中央大に次ぐ総合2位の成績をおさめている。

のちに松竹に入社し、映画監督として『心中天網島』『少年時代』など数々の賞を獲得した篠田は、練習に明け暮れた日々を思い出して次のようなことをいっている。

「新宿の街を走っているときに見える風景は写真のように一瞬しか印象に残らないんです。僕は文学部でしたが、文章で表現するより映像で表現した方が思いを伝えられると思い、映画監督になったのでしょう」――。

陸上競技をやっていなければ、中村コーチとの出会いがなければ、新宿の街を走っていなければ……映画監督・篠田正浩は誕生していなかったのかもしれない。

その篠田は箱根駅伝について、こんなことも語っている。

「あれは一種の神事（しんじ）だと思うんですね。お正月だから若者たちが箱根の山を目指して走るわけです。襷は各校の神輿（みこし）のようなものなんですよ」

篠田はアキレス腱を痛めて陸上競技を断念したが、やはり箱根は「特別な何か」が宿っている大会であることを、当時も、そしていまも感じているのである。

ラジオ中継の開始で駅伝人気は不動に

正月の風物詩として定着し始めていた箱根駅伝を電波メディアも放ってはおかなかった。1953（昭和28）年の第29回大会、大衆的な人気が盛り上がってきたこのイベントをNHKが最初に電波に乗せる。

放送は1月4日。午後1時からの2時間枠。電波の事情から生放送できるのは箱根の二子山（ふたごやま）(8)に設けた基地局のおかげで、芦ノ湖畔の箱根郵便局前のゴールだけ。その他は録音でレースをレポートした。実況アナウンサーは大相撲で有名な志村正順（しむらせいじゅん）。ゴールと中継地には河原武雄（かわはらたけお）、北出清五郎（きたでせいごろう）といったエース級のスポーツ・アナウンサーが配置された。

何度もテストをくり返して本番を迎えたが、想定外だったのが各校の力量の差だった。最後尾14位の日本体育大の選手がゴールに飛びこんできたのは、トップの中央大から遅れること2時間17分5秒。放送に入ったのは12位までだった。つまり「尻切れトンボ」で終わってしまったのである。

しかし、ラジオ中継はリスナーには大好評だった。翌1954（昭和29）年の第30回大会で

(8)二子山…箱根町にある標高1099mの火山。東京方面と東海地方を結ぶ無線中継所の重要な拠点。

は優勝した早稲田大のアンカー昼田哲士の〝失神ゴール〟が実況されたことで、人気は不動のものになっていくのである。

10区をトップで快走してきた昼田は、ゴールを間近にした内幸町の交差点を曲がった途端に突如、スピードが落ち、フラフラになってしまう。中村清監督がサイドカーから「イチニ、イチニ」と声をかけるが、昼田は依然として夢遊病者状態。中村監督はついに大声で早稲田大の校歌『都の西北』を歌い出す。さらにサイドカーから降りて並走まで始めたのである。

昼田は傍目から見ても意識朦朧、目をつぶりながら走る。並走していた選手専用のバスからチームメイトがはらはらして見守るなか、西新橋あたりから足取りがおぼつかなくなりながら、それでも昼田は何とか最後まで走り抜き、優勝のゴールテープを切る。そして次の瞬間、その場に倒れ込んで動かなくなってしまった。紙吹雪、大歓声、そして涙、涙……。

この劇的なシーンを実況した北出清五郎アナウンサーは「ブレーキを起こした選手の必死の力走。励ます監督と一体になってのがんばりは、涙ぐましい」と、脳裏に焼きついたそのときの光景に思いを寄せている（『箱根駅伝70年史』より）。

このような劇的な光景が10分以上にわたってラジオから流されたのだから、以後、箱根駅伝の人気にますます拍車がかかったのは当然である。

北出アナウンサーはその後、1964（昭和39）年の東京オリンピックの開会式の実況を担当。

「世界中の秋晴れを全部東京に持ってきたような、すばらしい秋日和であります」の名台詞はあまりにも有名だが、後日「箱根駅伝は私にとってスポーツの原点。スポーツそのものだった」と語っている。

ラジオ中継はその後も、往路、復路のゴールの実況をメインに行われたが、生中継を断念せざるを得ない状況に追いこまれていく。大会関係の車両、放送用の車両の他、見物にやってくる一般の車が急に増えてきたからである。当然、交通渋滞がひどくなり、警察と主催者は打開策を真剣に検討しなければならなくなったのだ。

すべての区間で15分以内の襷リレーができなかった場合は繰り上げスタート。さらに1966（昭和41）年の第42回大会からは、復路も一斉スタートになった。これに中継所での繰り上げスタートが加わるのだから、ひと目見てどの大学が何位で、タイム差は何分何秒かといった、放送には絶対欠かせない時間と順位の情報を瞬時にオンエアできなくなったのである。

そのため、1973（昭和48）年の第49回大会のラジオ中継は見送られることになった。当然、NHKのリスナーはもとより、新聞社にも全国の駅伝ファンから苦情がたくさん寄せられた。それでも、正確な記録をタイムリーに報道できないうえに、車両事故や果ては人身事故さえいつ起きてもおかしくない状況になっていたのだから、放送見送りはやむを得ない判断だった。

しかし、ここでも箱根駅伝は見事に〝復活〟を果たす。まずは、警察との協力で車両などの規制が大幅に見直されることになった。記録に関しては関東学生陸上競技連盟、読売、報知（現・スポーツ報知）、NHKで構成する「記録センター」を新たに設置し、全区間のデータを一元的に集計、それを無線で放送現場のディレクターに伝えるシステムを考案。そして、関東学連と読売新聞が一緒になって、正式にNHKに放送再開を要請したのである。

結果は「吉」と出る。ラジオ放送は1974（昭和49）年の第50回記念大会で復活を果たし、ブランクはわずか1年だけで解消されたのだった。

箱根駅伝はこのような電波メディアなしには、今日のような盛り上がりは考えられなかったと思われる。そして、いよいよ1987（昭和62）年の第63回大会からテレビでの生中継が始まるのだった。

「1月2日、3日開催」に固定されたわけとは

年々大衆的な人気が広がってきた箱根駅伝は、第30回大会での早稲田大アンカー昼田哲士の〝失神ゴール〟の感動的優勝もあり、さらなる盛り上がりを見せ始めていた。時代は年平均の名目経済成長率が15％（当時の先進国は6～10％だった）といわれた「高度経済成長時代」（1955～1970年と一般的にはいわれている）を前にした黎明期である。

このような時代の急激な変化に、公道を使う箱根駅伝にとってもっとも心配されたのが、年々爆発的に増え続け、今後もけっして減少することのない自動車の量だった。とくに国道1号（国道15号）はかつての東海道。日本の物流を担う大動脈であるからなおさらである。『戦後昭和史』のデータによる「自動車の生産台数と輸出台数の推移」内の「トラックの生産台数」を見てみると、その驚異的な伸びが具体的にわかる。

1950（昭和25）年には1595台だったのが、3年後の1953（昭和28）年には5789台と3・6倍に。さらに2年後の1955（昭和30）年には2万2068台と3・5倍に増えている。ちなみに1960（昭和35）年にはその数16万5094台と、1955年のなんと8・15倍に達しているのだ。

このような状況を何とかしなければと検討を重ねてきた警視庁と神奈川県警は、大会の日程を変更することで交通問題の解決を図ろうと、主催者側に提案。それまでの箱根駅伝は1月の第1、あるいは第2の土、日曜日に行われていたが、この日程では、年によっては正月休みの「松の内」（一般的には、門松が立っている1月7日までの期間とされる）以降になる。

そこで思い切って、世間がまだのんびりと正月気分に浸っている、つまり物流状況が普段に戻っていない1月2日、3日の両日に固定することに決めたのである。主催者もこれを了承し、1955（昭和30）年の第31回大会から実施され、今日に至っている。結果的に、テレビの視聴率の面からも、この1月2日、3日の「固定開催」は大正解だった。変更の理由が意図的なものではなく、やむにやまれずの交通事情だったというのが何となく面白い。

道路といえば、公道を走る箱根駅伝は、かつて途中3か所の踏切が存在していた。1区の京浜急行空港線の「蒲田第一踏切」、2区の戸塚中継所すぐそばにあった国鉄（現・JR）の通称「開かずの踏切」、そして5区の山上りの途中にある箱根登山鉄道の「小涌谷踏切」である。

このなかでもっとも厄介だったのが、戸塚の国道1号線にある「開かずの踏切」だった。専修大が初優勝を飾った1939（昭和14）年の第20回大会の9区では、先行する専修大を猛追していた日本大がこの踏切で足止めを食らってしまった。

専修大の9区・堀勇次が襷を引き継いで快調に走り出したあと、追いかける日本大の8区・郷野喜一が9区の明地邦整に襷を渡す。そして明地が走り出した途端、この「開かずの踏切」が無情にも閉じてしまったのだった。文字通り地団太を踏む明地は、何と1分40秒も待たされてしまったのである。

日本大にいわせると専修大の優勝は「あの踏切に助けられた」ことになるわけで、この年日本大の2区を走った中西重雄は後日「あれ以来、横須賀線には乗りたくなくなった」（『箱根駅伝70年史』より）と語っているほど。悔しさは理解できるが、選手にとってはいかんともしがたい不可抗力だったのである。

その「開かずの踏切」が1956（昭和31）年の第32回大会から解消されたのである。当時の首相・吉田茂(9)が私邸のあった大磯から東京に通う際、この「開かずの踏切」に業を煮やしてバイパス建設を指示したといわれている。「ワンマン宰相」の異名を持つ吉田首相にちなんでこの4㎞余りのバイパスが「ワンマン道路」と呼ばれたのはあまりにも有名な話。首相の鶴の一声（?）で箱根駅伝の積年の悩みが解消されたのだった。

急速な時代の変化に同調するように、箱根駅伝も年々「進化」を続けていく。1957（昭和32）年の第33回大会からは、上位10校プラス予選会で上位の成績をおさめた5校の合計15校で争われるようになる。シード権制度の始まりである。

歴史のある古豪の大学に新興勢力の大学が挑戦する今日まで続くシステムがこのとき始まり、「シード権争い」が優勝争いとはまた別の「注目点」になっていくのである。この大会、予選会で好成績を収めた国士舘大が初出場を果たしている。

続く1958（昭和33）年の第34回大会は、初めて参加した順天堂大が10位に食いこみ、ぎりぎりでシード権を獲得している。

1959（昭和34）年の第35回大会は史上最多の16校が参加。このなかには、予選会次点ながら特別措置で出場が認められた埼玉大学の名前もある。埼玉大学は、99回の箱根駅伝の歴史

(9)吉田茂…1878～1967。第45代、第48～51代内閣総理大臣。葉巻を愛し、「和製チャーチル」と呼ばれた。

のなかでたった1度しか出場していない（結果は14位）。

この年の5月26日に西ドイツ（当時）のミュンヘンで開かれたＩＯＣ総会で、１９６４年の夏季オリンピックの東京開催が正式に決定した。「スポーツ」が国民の関心事の上位に顔を出す時代がいよいよやってくるのである。

この第35回大会は、競技レベルの面からもひとつのエポックをつくった年でもあった。上位10校の総合タイムが初めて12時間台以内だったのである。10位の東京農大の12時間50分3秒は、10年前の第25回大会ではダントツの優勝タイムである（第25回の優勝タイムは明治大の13時間36分11秒）。

これは、それだけ日本の長距離選手のレベルが向上していた何よりの証拠だった。

徐々に消えていく戦前の箱根駅伝らしさ

戦争が終わった昭和20年から30年代前半にかけての10数年は、戦前・戦中的なものからの脱却の時代でもあった。いってみれば本格的な高度経済成長時代へ向けての〝助走期間〟のようなもので、そういった「空気」は箱根駅伝もけっして例外ではなかった。

箱根駅伝の「名物」のひとつに「伴走車」がある。第1回大会から自然発生的に続いている

「伝統」という名の「慣習」である。

駅伝は選手個人の力量もさることながら、監督やスタッフ、さらには応援団も含めた大学全体の「熱意」を前面に押し出し、何が何でも自校を頑張らせなければならないという、やや荒っぽい戦前の気風が色濃く支配していた。第1回大会から続いている「伴走車」と「応援団」は、そのような箱根駅伝〝らしさ〟を象徴していたのである。

とくに「伴走車」は重要な役割を果たしていた。初期は自転車に乗った監督やコーチが選手に並走して激励の声をかけていたが、戦前から戦後にかけて、自転車が徐々にサイドカーに替わっていく。選手との距離が近く、ほとんど真横で選手に檄を飛ばすのである。

しかし、指示を出したり激励したり、あるいは選手に活を入れる監督やコーチも、ほとんど選手と一緒に走っているので、常に冷静というわけにはいかない。不慮の事故も何度か起きている。

法政大の監督を務めた大木正幹（おおきせいかん）はサイドカーから降りて選手と並走したあと、再び飛び乗ろうとして車両の下敷きになるアクシデントを起こしているし、明治大OBの加賀一郎コーチもサイドカーから身を乗り出しすぎて道路に転落してしまった経験がある。

このサイドカーに代わって1959（昭和34）年ごろから登場したのがジープだった。いまでは考えられないことだが、当時は監督車が選手の前に出て先導する「引っ張り」が許されていた。中央大の西口文雄監督は、自らのアイデアで、後ろを走る選手が排気ガスを吸わないようにとマフラーを煙突状に改造したジープを使っていた。

いまならこれはれっきとした「改造車」で、当然公道は走れないのだが、当時は警察も取り締まらなかった。伴走車は1973（昭和48）年の第49回大会から自衛隊に協力を要請し、ドライバーを含めて監督車は一律に陸上自衛隊第一師団のジープになったが、それまでは伴走車は各大学が独自に車両を用意していたのである。

ちなみに、1989（昭和64）年の第65回大会から自衛隊のジープは廃止され、その後は役員用の監察車などに各校の監督が分乗する時代が続いたが、2003（平成15）年の第79回大会から現在の「運営管理車」の方式に替わって現在に至っている。

伴走車ならぬ「伴走者」も1961（昭和36）年の第35回大会を最後に、姿を消している。伴走者は5区と6区に限り、1人の正選手につき2名まで並走することができ、多くの場合、卒業後に実業団で走っていたOBランナー、もしくは補欠選手が交代で務めていた。いわば、ペースメーカー的な役割を果たしていたわけで、これも「OBを含めた大学全体の力を結集する」戦前から続く箱根駅伝の「文化・伝統・慣習」のひとつだったのである。

さらに、もうひとつの名物だったのが、選手の真後ろを走る大型トラックに、こぼれ落ちそうなほど〝山積み〟された応援団である。彼らが、声と音で選手を鼓舞（こぶ）するのだ。蛮声（ばんせい）を張り上げ、石油缶や太鼓を叩きまくるバンカラそのものといった応援スタイルも、廃止されてしまったのである。

このように時代は「近代化」に向けて少しずつ歩みを進めていった。そして学制改革⑽とそれにともなう学校名の変更も、この時代では避けて通れない現実だった。

1927（昭和2）年の第8回大会で初めて箱根を走った日本大の曽根茂は、1934（昭和9）年の第15回大会まで連続8回出場を果たしている。

以下、7回出場は日本大の森本一徳、早稲田大の多田秋衛、中央大の湯本幸一、松本源吾、若江光太郎と5人もいるのだが、これは戦前の学制のもとでは、大学予科から出場できるルールがあり、さらに留年しての出場も可能だったからである。これも、戦後は当然のごとく認められなくなってしまった。

そして、一部の大学は校名さえ変わってしまったのである。学制改革は1950（昭和25）年までは移行期間として旧制と新制が混在していた。東京高等師範学校としてスタートした東京文理大は東京体育専門学校を吸収した東京教育大学に、横浜専門学校は神奈川大学に、神奈川師範は横浜国立大学と、それぞれ新しい名前になったのである。

⑽学制改革…第2次世界大戦後の1946（昭和21）年、アメリカの指導のもとに行われた、教育制度の「6・3・3・4制」への大規模な改編。

中央大学、破竹の6連覇の秘密

箱根駅伝での中央大に冠せられる〝枕詞〟は「古豪」である。「古豪」とは、辞書をひくと「勝負において経験豊富でしかも強い人、団体。つわもの」とある。戦後の中央大は１９４７（昭和22）年の第23回大会から１９６４（昭和39）年の第40回大会までの18年間、総合優勝12回、準優勝4回（あとは3位と4位が1回ずつ）という超黄金時代を築いたのである。

その中央大の戦後を代表するランナーが、１９５５（昭和30）年の第31回大会で彗星のように登場した佐藤光信だ。福岡県立三潴高校3年のときから本格的に陸上競技を始めた佐藤は、ＯＢの村社講平の勧めで中央大に進学。「駅伝は1年生は走らせない」が常識だった時代、１年生ながら当時の最重点区間の3区に抜擢されたのである。

この大会、トップの日本大に43秒の差をつけられて襷を渡された佐藤は、ぐいぐいとスピードを上げ、茅ヶ崎高校付近で一気に日本大の内川義高を抜き去る。そして、１９３９（昭和14）年の第20回大会で専修大の山下勝がつくった区間記録を16年ぶりに更新する1時間9分16秒をマーク。逆に2位の日本大に1分22秒の差をつけて、4区の吉田斉に襷を渡したのである。

佐藤は、続く第32回大会では復路の8区を走り、区間新記録。翌第33回大会は日本大に総合優勝を譲ったが10区で区間新を樹立している。この佐藤光信が残した「スピードの中大」が、続く1959（昭和34）年の第35回大会からの6連覇につながっていくのだった。

加えて、この時期の中央大の原動力になったのは「帰省選手」といわれる高校卒業後にいったん実業団で競技を続け、1年から3年ぐらい経ってから大学に進んだ選手たちである。これら「社会人経験者」は日本大や早稲田大にも在籍していたが、中央大は佐藤光信の事例が示すようにOBも含めた大学全体としてのリクルーティング力に一日の長があった。

中央大は部内での競争も熾烈だった。6連覇を達成した第40回大会で2区を走った碓井哲雄は当時の中央大内部の状況を「レギュラーと非レギュラーの差は、食事はもちろん、下級生の義務だった上級生へのマッサージも免除されたほど。まだまだ食糧事情の悪かった中、レギュラーにはすき焼きやステーキが出ました」と振り返っている（『箱根駅伝70年史』より）。

そして極めつきは、厳しい練習。常に全力で行けるところまで行く練習を行っていた。

1950（昭和25）年の第26回大会から東京オリンピック後の1965（昭和40）年の第41回大会までの16年間、総合優勝は中央大が11回、日本大が3回。準優勝は中央大が4回、日本大が7回。3位は中央大1回、日本大3回と、上位はほとんどこの2校で占められていた。しかし、永遠に続くと思われていたこの2強時代も、やがて新しい大学にとって代わられるようになる。時代は刻々と変化していくのである。

箱根駅伝では、優勝争いのほかに「シード権獲得」という、もうひとつの戦いが焦点になる。毎年のように熾烈な戦いとなり、とくに最終10区では、優勝争いより注目されることも珍しくない。逆転を狙うランナーが、少しずつタイム差を縮めていく展開もあれば、数校が集団となり、ゴール順でシード権獲得が決まることもある。

さて、メディアはシード権を「獲得」した大学にスポットライトを当てがちだが、たったひとつの順位の差でシード権を「逃した」大学にも注目してみたい。

「シード権落ち回数」ランキング

順位	回数	学校名
1	33回	国士舘大学
2	30回	専修大学
3	29回	神奈川大学
4	28回	法政大学
5	22回	明治大学
〃	〃	拓殖大学

「僅差でのシード権獲得」ランキング

順位	秒差	学校名	大会
1	3秒	國學院大学	第87回
2	4秒	順天堂大学	第69回
3	5秒	順天堂大学	第37回
4	7秒	筑波大学	第60回
5	8秒	早稲田大学	第44回

各校にとって、シード権を獲得するか否かは、天国と地獄の差だ。その差が短ければ短いほど獲得した喜びは大きく、逃した悔しさは計りしれない。

シード権を獲得した大学と、涙を呑んだ大学で僅差の決着となったケースもあり、最短は、217㎞の距離を走って、わずか「3秒差」である。

さらに、初のシード権獲得までに、どれくらいの年数と、どれくらいの大会数を費やしたかのランキングもつくってみた。最長で神奈川大の38年、最短の順天堂大は初挑戦でみごとシード権を射とめている。

神奈川大は前身の横浜専門学校時代、戦前から参加している、箱根駅伝における伝統校のひとつ。その神奈川大をもってしても、じつに38年の年月がかかったのである。

一方、1958（昭和33）年の第34回大会で、初出場ながら10位となり、シード権を獲得した順天堂大は、1966（昭和41）年の第42回大会で初優勝を飾る。

シード権を獲得するのは、簡単でもあるし、あるいは簡単ではないのである。

初シード権獲得までの〝雌伏度〟ランキング

順位	学校名	費やした大会数	費やした年数
1	神奈川大学	13回	38年
2	城西大学	7回	7年
3	拓殖大学	6回	24年
〃	国士舘大学	6回	6年
5	國學院大学	5回	11年

初シード権獲得スピードランキング

順位	学校名	費やした大会数
1	順天堂大学	1回
2	東海大学	2回
〃	大東文化大学	〃
〃	亜細亜大学	〃
5	創価大学	3回
〃	山梨学院大学	〃
〃	帝京大学	〃

5章――群雄割拠のなか、名ランナーが躍動
◉1966年（第42回）～1986年（第62回）

箱根駅伝は「データと理論」の時代へ

東京オリンピックが終わって1年半後の1966（昭和41）年、第42回大会で優勝したのは、新興勢力の順天堂大だった。戦後も10年以上経過した1958（昭和33）年の第34回大会に初めて出場して10位になってから、9度目の挑戦でつかんだトップの座だった。

この大会のヒーローは2区を走った澤木啓祐（さわきけいすけ）である。2位で襷（たすき）を受けとると13㎞地点の保土ケ谷（ほどがや）駅前で一気に国士舘大を抜いてトップに立ち、戸塚中継所では2位の国士舘大に2分2秒の差をつける区間新記録を樹立。この区間、澤木に次ぐタイムで走り、のちのメキシコ五輪マラソンで9位になった区間2位の日本大・宇佐美彰朗（うさみあきお）(1)にも3分4秒の差をつけるダントツの快走を演じ、順天堂大の初優勝に大きく貢献したのだった。

澤木は1年生だった第39回大会から2区を任された。しかし、2年、3年時は不本意な走りに終わっていただけに、「今年は何としても汚名をばん回しようと思って道路での練習を十分してきました。予定より早くエンジンがかかりすぎて、最初の計算よりも3キロ早くトップに立ってしまいました」(『箱根駅伝70年史』より)と語っている。

このときの区間新のタイム1時間12分2秒は、2年前の第40回記念大会で福岡大の重松森雄(しげまつもりお)がつくった記録(参考)を1分50秒も短縮する「大記録」だった。順天堂大のみならず、日本陸上中長距離界のニューヒーローでもあった澤木は、翌年に東京で開かれたユニバーシアード大会の5000mと10000mでも期待に応えて金メダルを獲得している。

1964(昭和39)年の東京オリンピックがスポーツ界にもたらした最大の変化は「目を世界に向けろ」だった。昨今の日本のメディアのオリンピック報道は、日本人のメダル獲得のみをクローズアップしがちだが、当時はむしろ「世界にはとてつもなく強い選手がいて、トップクラスの彼ら彼女らが勇姿(ゆうし)を見せに東京にやってくる」との期待感も、日本選手への期待と同様に興味をかき立てていた。

中長距離では、8年前のメルボルン(オーストラリア)五輪の聖火最終ランナーを務めたロン・

(1)宇佐美彰朗…1943〜。新潟県出身。マラソン日本代表として、メキシコ、ミュンヘン、モントリオールとオリンピック3大会に連続出場。現在、東海大学名誉教授。

クラーク（5000m、10000m）、チュニジアのモハメド・ガムーディ（メキシコ五輪5000m金メダリスト）、3000m障害(2)の第一人者で、東京オリンピック金メダリストのガストン・ローランツ（ベルギー）の名前は、当時中学生のあいだでも知れ渡っていた。

澤木は1960（昭和35）年、大阪・春日丘高校2年時にインターハイ（高校総体）の1500m、5000mで2冠に輝き、一躍脚光を浴びている。時はまさに東京オリンピックの開催が正式に決定（1959〈昭和34〉年5月26日）した1年後。日本の陸上界はこの「金の卵」を翌年のインターハイには出場させず、高校3年生の夏休みは7週間のヨーロッパ遠征という〝武者修行〟に充てたのである。

「あの遠征はとても勉強になりました。経験や感覚に頼らず、運動生理学やデータに基づくトレーニングがいかに大切であるか。そして、トレーニングの原則は集団ではなくマンツーマンで行われるべきなどをドイツ（旧・西ドイツ）のマインツ大学などで学びました」

と、澤木にとってこの17歳の「ひと夏の経験」は、文字通り目から鱗が落ちる体験だったことを、後日さまざまなインタビューで公言している。

澤木が選んだ進学先は順天堂大だった。伝統のある名門校ではない。澤木が入学する前年の1962（昭和37）年の第38回大会は11位。初出場の第34回大会から第37回大会までの順位は10位、12位、13位、10位。将来の日本の中長距離界を背負って立つ逸材と誰もが認めているエリート・アスリートの澤木には、何とも不釣り合いな選択だと傍目には映っていた。

しかし、澤木が順天堂大を選択したのには確固とした理由があったのである。それは「医学部がある大学なので科学的なデータにもとづくトレーニングができるから」で、当時順天堂大を指導していた帖佐寛章(3)の勧めがあったといわれている。

澤木は『箱根駅伝70年史』の座談会のなかで次のように語っている。

「（1年の時と比べると）4年間で7分半ほど（記録を）縮めました。大学に入ったとき、距離を走りすぎないようにといった風潮がありましたが、たった20キロちょっとを走れなくてはトラックの記録も縮まらないと思うようになりました。事実、1年のときに比べても1万メートルで1分13秒、5000メートルで42秒縮まっています。ロードで自信をつけることがトラックの記録短縮に貢献しました」

と、澤木らしくデータを出して説明している。

確実に時代は変わりつつあった。とにかくやみくもに一生懸命頑張る、という価値観が少し

(2)3000m障害…陸上競技の障害レースの一種。一般的には「3000mSC」と表記。SCは「Steeple Chase」の略で隣村の教会（S）の尖塔（C）を目指し、村の境界の柵や川を越えて走るレースが由来とされる。28回の固定障害と7回の水濠（深さ0・7m、長さ3・66m）が用意されている。

(3)帖佐寛章…1930〜。香川県出身。陸上競技中長距離選手の指導者。日本陸上競技連盟副会長などを歴任し、現在、順天堂大学名誉教授。

ずつ薄れ、データや理論にもとづく、いわゆる理に適った考え方が徐々に支配的になってきたのである。その先鞭をつけたのが澤木啓祐と順天堂大の初優勝だったのではないだろうか。

60年代後半、伝統校が衰退した理由とは

どの世界でも新旧の交代は避けて通れない歴史の現実である。戦後、箱根駅伝をけん引してきた中央大、早稲田大の力が1964（昭和39）年の東京オリンピックに前後して徐々に衰え始めたのである。その象徴が1966（昭和41）年の第42回大会での順天堂大の初優勝だったのだが、新旧交代の足音は以後もしだいに高くなっていく。

この大会、同じく戦後の箱根駅伝をけん引してきた日本大はまだ2位を保ったが、中央大は4位、早稲田大は7位だった。中央大は1区の福盛裕三が1時間5分41秒の好タイムで走ったが、結果は区間5位。他校がそれだけ実力をつけてきた証拠でもあった。

中央大は2区でひとつ順位を上げて4位になったものの、4区の谷口欣也がブレーキになってしまい往路は5位。これは名門・中央大にとっては、1949（昭和24）年の第25回大会での往路9位に次ぐ屈辱的な順位だった。

続く第43回大会は日本大が優勝。しかし、中央大は4位止まり。早稲田大は10位と、予選会

出場を辛うじて免れるのが精いっぱいだった。翌第44回大会は中央大5位。早稲田大は前年と同じ10位。次の第45回大会では中央大はとうとう11位、早稲田大は14位と、両校とも初参加以来、初めて〝予選会組〟に回ってしまったのである。

この年は日本体育大が初優勝を飾る。1965（昭和40）年の第41回大会で5位、その後、3位、5位、2位とコンスタントに力をつけてきた新興勢力校が見事に栄冠を勝ちとったのである。この5年間、同じ新興勢力校の順天堂大は、3位、優勝、2位、3位、3位。箱根駅伝はすでに日本大と新たに日本体育大と順天堂大の三強時代に突入していた。

前述した順天堂大が澤木啓祐に代表される「データと科学」で箱根の主役に躍り出たのに対し、日本体育大は若い監督で情熱あふれる岡野章のアイデアと行動力で力をつけていった。

岡野は1940（昭和15）年香川県生まれ。陸上競技では無名の県立主基高校（現・県立農業経営高校）の出身。1962（昭和37）年の第38回大会で2区を走り、当時では史上最多の8人抜きを演じたランナーだった。実業団からの勧誘を断り、当時の日本体育大の学長で、第2回大会から第5回大会まで東京高師のランナーとして箱根を走った栗本義彦に請われ、1963（昭和38）年の卒業と同時に母校の監督に就任した。

岡野の前例に囚われないアイデアの第1は、近隣の大学に呼びかけて行った記録会の開催である。声をかけたのは、同じ世田谷区内の東京農大、国士舘大、駒澤大。目的は「一緒に実戦練習をやって、お互いのレベルを上げていこう」だった。対校戦でもある箱根駅伝はえてして練習方法を含めて閉鎖的になりがちだったが、その殻を取り払ったのである。

また、箱根駅伝全コースの1㎞ごとにポイントのマーキングを施し、いまでは当たり前になっている駅伝チーム専用のマイクロバスを、当時はまだ高価だったにもかかわらず思いきって購入し、練習に出かけることも始めている。

その行動力が実を結んだのが、就任6年目の1969（昭和44）年の第45回大会だった。2位の日本大に7分50秒の差をつけた堂々の優勝に、岡野は「往路、復路で優勝できたなんて夢にも考えなかった」（『箱根駅伝95年・襷がつないだ友情、伝統、涙の記憶』より）と喜びを表していたが、もっともうれしかったのは、若い岡野の情熱とリーダーシップを見抜いていた当時82歳の栗本義彦学長だったのではないだろうか。

岡野の日本体育大学はその後5連覇を達成するのだが、一方でなぜ、あれほど強かった中央大と早稲田大は衰退していったのだろうか。

1960年代の後半から70年代の前半にかけて世間のニュースは学生運動で席巻されていた。この時代の学生運動は、世界的な傾向で、映画『いちご白書』[4]にも描かれていた〝大学紛争の季節〟だったのである。

年代を追ってざっとおもな「事件」を書き出してみると以下のようになる。1965年、中央大紛争。学生会館の管理運営をめぐって学生側と大学側が対立。1966年、明治大で学費値上げ反対の闘争が勃発（ぼっぱつ）。1965年から1972（昭和47）年まで3次にわたる早大闘争。1968（昭和43）年10月には「新宿騒乱事件(5)」。1969（昭和44）年1月には「東大安田講堂事件(6)」とエスカレート。結局、1972年2月の「あさま山荘事件」を境に学生運動は急速に勢いを失っていく。

学生運動が箱根駅伝に及ぼした影響のひとつは、推薦制度の減少だった。要は大学側にとってはリクルーティングが思うようにいかなくなったし、送り出す高校側や選手の家族にしてみれば、どうしても不安（紛争）のない大学を選びたくなったのである。

順天堂大が初優勝を飾った第42回大会と日本体育大が初優勝した第45回大会の中間、1967（昭和42）年の第43回大会で、日本体育大と一緒に「記録会」に出場していた駒澤大が、箱根駅伝に初めて出場した。このときの駒澤大は「同好会」だったが、以後、2023（令和5）

(4)『いちご白書』…1970（昭和45）年公開。原作はジェームズ・クネンのノンフィクションで、1966〜1968年のアメリカ・コロンビア大学の学生抗議運動を描いた。
(5)新宿騒乱事件…1968（昭和43）10月21日に新宿駅周辺で起きた新左翼による暴動事件。停車中の電車に投石するなどの破壊活動が行われ、交通機能がマヒ状態になり、150万人が影響を受けた。
(6)東大安田講堂事件…1969（昭和44）年1月18日から19日にかけ、新左翼に占拠された東大安田講堂で、大学側に依頼された機動隊8500人との攻防がくり広げられ、封鎖が解除された事件。

年の第99回大会に至るまで連続出場を続けている。順天堂大と日本体育大に続く新たな新興勢力校は、この後、続々と力をつけていくのである。

新興勢力の躍進と、元祖「山の神」の激走

1967（昭和42）年の第43回大会に、同好会として初めて参加した駒澤大の存在は、当時メディアでも大きく取り上げられて話題になった。結果は15校中13位。以後今日に至るまで一度も出場が途切れていない。

同好会が創設されて2年目、千葉・検見川(けみがわ)の東大グラウンドで行われた予選会をクリアした当時のメンバーのひとりである井上貞夫は「部員20人の弱体チームでしたが、チームワークで本大会への出場権を獲得できました。この感激は一生忘れられません」（『箱根駅伝70年史』より）と振り返っている。そして、「OBもいないし、援助金もほとんどない。グラウンドもないので練習の多くはロード。部室もなく雨の日は校舎の軒下(のきした)で着替えをしたものです」（同『70年史』より）と苦労話を語っている。

この第43回大会に、同じように初めて出場し、駒澤大をしのぐ11位になったのが亜細亜大だった。「グラウンドもなくてたいへんだったが、目標を予選会の1位、本大会10位で、次の年

のシード権獲得に置きました。新興勢力の台頭だとマスコミにも報じられたので、気持ちが盛り上がっていました」（同『70年史』より）とは、この大会で2区を任された矢島敏男の話だ。シード権獲得は10位の早稲田大に3分24秒差で涙を呑んだが、駒澤大と同様「新興勢力」の存在を十分にアピールしたのだった。

翌1968（昭和43）年の第44回大会に初めて出場したのが大東文化大である。ほとんど無名に近かった、正真正銘の新興勢力のひとつである。

率いたのは前年に監督に就任したばかりの日本大OB青葉昌幸（あおばよしゆき）。青葉は選手時代の1966（昭和41）年の第42回大会で日本大の1区を任され、区間3位の成績を残しているが、〝本職〟はトラックの1500mと3000m障害である。1964（昭和39）年の日本選手権大会では3000m障害で1位になっている。

3000m障害はクロスカントリー[7]ルーツを色濃く残す種目で、陸上の中長距離ではもっとも過酷なレースだといわれている。『箱根駅伝名場面100選』（ベースボール・マガジン社）のなかで、青葉は選手指導のポイントを「自分が3000メートル障害だったこともあり、足腰の強化がトレーニングの骨子（こっし）だった」と語っている。

青葉が監督に就任した1967年、大東文化大は埼玉県の東松山市に新たなキャンパス（教

（7）クロスカントリー…草原地など、整地されていないコースで行われる中長距離走。断郊競走。

養課程）を開設した。青葉はすかさずこの〝地の利〟を味方につける。１９７４（昭和49）年に開園した「国営武蔵丘陵森林公園(8)」が存在する比企北丘陵(9)がクロスカントリーの練習をするには絶好のロケーションだったのである。「大久保初男君（後述）などは、自分が練習するクロスカントリーのコースを持っていましたから」と青葉は胸を張って語っている。

「駅伝で勝つにはただ速く走ればいいというのではありません。筋力、腕力、跳躍力など、一見長距離走には必要のない力も、きちんと鍛えなければならないのです」というのが青葉の持論だった。クロスカントリーでの練習はもとより、体育館の天井からぶら下がった綱を登ったり、立ち三段跳び、１００ｍダッシュなどを練習に取り入れたのも、すべてはそのためだった。青葉にいわせると「駅伝はマラソンではない」のである。

山上り、向かい風、ライバル校との競り合い……。結果的に青葉のこの方針が、監督就任から７年後、初出場からは８年目の１９７５（昭和50）年第51回大会で大輪の花を咲かせるのである。初出場の第44回大会で15校中最下位の15位から、７位、５位、７位、３位、２位、２位と確実に強豪校の仲間入りを果たしてきた末の必然的な初優勝だった。

当時、大東文化大は「山の大東」の異名をとっていた。その理由は１９７４年（昭和49）の第50回大会から４年連続で５区を走った大久保初男の存在である。

第50回大会。１年生ながら５区に抜擢された大久保は、４区の味沢善朗から９位で襷を受けとる。「自分たちは優勝するものとばかり思っていたので、頭が真っ白になった」（『箱根駅伝名場面100選』より）大久保は、それでも必死に走り、順位を5位に引き上げた。1時間13分41秒のタイムは立派な区間賞だった。

大久保は宮城県南部の農村地帯である柴田町の出身。「田舎で山を走り回っていましたから、箱根の山と言われても何とも思いませんでした」と振り返っている。翌第51回大会。大東文化大が初優勝を飾ったこの大会での大久保の記録は1時間12分2秒。もちろん区間新記録である。

そして、最終学年の4年（第53回大会）では1時間11分48秒という驚異的な区間新記録を樹立。5区での4年連続区間賞達成は、2009（平成21）年〜2012（平成24）年（第85回〜88回大会）の東洋大・柏原竜二（かしわばらりゅうじ）の出現まで30年間唯一無二（ゆいいつむに）だった、まさに〝元祖〟「山の神」だったのである。

日本は1973（昭和48）年と1978（昭和53）年、2度のオイルショック(10)に見舞われたが、技術力と独自の経営力で何とか克服し、さらなる経済発展を遂げていく。まさに「ジャ

(8)国営武蔵丘陵森林公園…埼玉県滑川町と熊谷市にまたがる3・04㎢（東京ドームの65倍）の広さを持つ公園。明治百年を記念して1974（昭和49）年に開園。
(9)比企北丘陵…埼玉県東松山市、滑川町、嵐山町、小川町に広がる丘陵地帯。標高はおおむね100m前後。
(10)オイルショック…1973（昭和48）年と1978（昭和53）年に2度発生した、原油価格高騰にともなう世界経済全体が混乱した時代の総称。日本ではトイレットペーパーの買い占め騒動が起こった。

パン・アズ・ナンバーワン」(11)といわれた「豊かな暮らし」を謳歌(おうか)できる時代を迎えつつあり、箱根駅伝もまた、ますます広がりを見せていくのである。

第50回記念大会で勢力図が塗り替わった

1920（大正9）年に始まった箱根駅伝は、1974（昭和49）年、大きな区切りである第50回目を迎える。この年の大会は節目(ふしめ)にあたる記念大会だったので、過去の優勝校すべてを招待し、史上初の20校が参加して行われた。

招待された過去の優勝校は9校。この時点まで優勝回数の多い順に並べると、中央大（13回）、日本大（11回）、早稲田大（9回）、明治大（7回）、日本体育大（5回）、東京高師→東京教育大、慶應義塾大、専修大、順天堂大（各1回）となる。しかし、すでに「過去の栄光」と「現在の強さ」は必ずしも一致しないどころか、勢力地図はすっかり塗り替わっていた。

古豪のうち、ひとり気を吐いたのが、この記念大会で6年ぶり12度目の総合優勝を飾った日本大だったが、往路、復路ともに2位。どちらも1位になれずに総合優勝を果たしたのは1921（大正10）年の第2回大会の明治大、1932（昭和7）年の第13回の慶應義塾大、1943（昭和18）年の第22回大会の日本大に次ぐ史上4度目の出来事だった。

第50回大会をさかのぼること2年、第48回大会が行われた1972（昭和47）年は日本にとっては大きな時代の転換点だった。

2月3日に北海道・札幌で開幕した第11回冬季オリンピックの4日目、70メートル級（現・ノーマルヒル）ジャンプで日本の笠谷幸生（かさやゆきお）が金メダル、2位金野昭次（こんのあきつぐ）、3位青地清二（あおちせいじ）と日本勢がメダルを独占。「日の丸飛行隊」の大きな見出しが新聞各紙を飾り、日本中を歓喜の渦に巻きこんだ。

成功裏に終わったアジアで初めての冬季オリンピックが終わったわずか1週間後、「あさま山荘事件(12)」が勃発する。連合赤軍の残党が長野県軽井沢町の保養所「浅間山荘」に人質をとって立てこもり、警察との銃撃戦が展開され、死者3名、重軽傷者27名を出した10日間の攻防戦だった。国民の大多数が、テレビの実況で映し出された緊迫した「戦況」にくぎ付けになったのである。

この事件を境に、国民の共感を得られなくなった学生運動は衰退の一途（いっと）をたどる。そして、

(11)ジャパン・アズ・ナンバーワン…アメリカの社会学者エズラ・ヴォーゲルが1979（昭和54）年に上梓した著書。戦後の日本経済の高度経済成長の要因を分析し、日本的経営を高く評価した。

(12)あさま山荘事件…1972（昭和47）年2月19日から28日にかけて、長野県軽井沢町の河合楽器製作所の保養所「浅間山荘」に連合赤軍メンバーが人質をとって立てこもり、警察との銃撃戦が展開された事件。警察官2名、民間人1名が死亡。人質は救出され、犯人は全員逮捕された。

同年5月15日には沖縄がアメリカから日本に返還された。1970（昭和45）年の国内総生産（名目GDP）は、アメリカ、ソ連、西ドイツに次ぐ世界第4位となり、日本人は完全に自信を取り戻したのである。

箱根駅伝も当然様変わりした。第50回記念大会でシード権を獲得した上位10校のうち、5校が昭和30年代に初めて出場した「新興勢力」だった。具体的には2位が大東文化大、3位が順天堂大、6位に国士舘大、9位東海大、10位亜細亜大という顔ぶれ。優勝した日本大、7位の中央大はまだしも、早稲田大16位、明治大17位、慶應義塾大19位と、すでに伝統校は強豪校ではなくなってしまっていたのである。

ちなみに、1972年10月に読売新聞社の社屋がこれまでの中央区銀座から千代田区大手町に移転。それにともなって箱根駅伝のスタートとゴールも、現在の大手町読売新聞社前に変更された。

そして、翌1973（昭和48）年の第49回大会から、それまで各校が独自に調達していた伴走車は、ドライバーも含めて陸上自衛隊のジープ（三菱製）が1校に1台ずつ提供されるようになった。理由は定かではないが、自衛隊としては「訓練の一環」と位置付けていて、これは1988（昭和63）年の第64回大会まで続くことになる。

70年代の箱根駅伝では「想定外」が頻発した

スポーツを観戦していてもっともワクワクするのは、いまも昔も「常とは違う現象」が起きたときである。下世話にいえば「信じられない」シーンの出現だ。野球の逆転満塁サヨナラホームラン、サッカーの50m以上のロングシュートによるゴール、バスケットボールでの試合終了と同時に放った超ロングシュートがゴールに吸いこまれる「ブザービーター」などが代表である。

このような「常とは違った」「予期せぬ」出来事が、じつは70年代の箱根駅伝でたびたび起こっているのだ。

そのひとつは、１９７４（昭和49）年の第50回大会の２区で見られた。この年２区を走った東京農大の３年生・服部誠が驚異の12人抜きをやってのけたのだ。

１９２１（大正10）年の第２回大会から箱根駅伝に出場している東京農大は１９６５（昭和40）年の第41回大会の13位を最後に６年間本戦出場から遠ざかっていた。そして、服部が入学した１９７２（昭和47）年の第48回大会で７年ぶりに箱根にカムバックし、結果は11位。翌49回大会では８位に順位を上げ、服部の存在も認知されるようにはなっていたが、第50回大会での快走は誰も予想していなかった。

東京農大は1区の岩瀬哲治が13位と出遅れ、先頭から1分53秒遅れで服部に襷が渡された。鶴見中継所をスタートしてすぐに、服部は前を行く東洋大、専修大、国士舘大、青山学院大、法政大の5人をごぼう抜きにする。

「きっと最後まで持たない。いまに失速する」と半分たかをくっていた日本体育大、日本大、大東文化大のコーチたちの予測を見事に裏切った服部は、16・5km地点でまず大東文化大の松田強をかわす。さらに先頭を行く日本大から100mほどの差でつけていた2位の中央大・大花弘美、東海大・新居利広、日本体育大・和田誠一、順天堂大・匂坂清貴の集団に割りこみ、この4人も難なく退ける。

そして、17・8km地点でトップを行く日本大・松田光香を射程内に捉え、ついに18・2km地点で追い抜き、首位に躍り出る。そして、そのまま戸塚中継所で待つ3区の山本吉光に襷を渡したのだ。

前人未到の12人抜き。東京農大はこの後も首位を譲ることなく、トップで箱根のゴールに飛びこんだ。東京農大が「箱根」の先頭を走ったのは1923（大正12）年の第4回大会以来じつに50年ぶりのことだった。

「（12人抜きよりも）いちばん胸を打たれたのは往路優勝です。（東京農大は）私が入学するまで

6年間も箱根に出られなかったのですから。私が1年に入って予選を通過して11位。その3年後に片道だけでも優勝できたのが、今でもいちばんうれしい」（『箱根駅伝70年史』より）

と服部は振り返っている。

服部は、神奈川県立相原（あいはら）高校時代にインターハイと国体の5000mで優勝。全国高校駅伝では同じ1区を走った大分・佐伯豊南（さいきほうなん）高校の宗茂（そうしげる）(13)をものともせず、みごと区間賞を獲得した有望選手だった。当然、各大学、とくに強豪校からの勧誘が舞いこんだが、服部はそれらの誘いにまったく心動かされることなく、当時は強豪校ではなかった東京農大に進学した。理由はたったひとつ。家業の牧場を継ぐための勉強をするには、農業大学しかないと決めていたからである。

服部は卒業後、大学に籍を置きながら、マラソン選手として1976（昭和51）年のモントリオール五輪を目指す。しかし、最終選考会だった毎日マラソンで「練習をやりすぎて」惨敗。そして、あっさり選手生活にピリオドを打った。以後、高校時代からの目標だった家業の牧場経営に専念する。

服部は現在、宮ケ瀬湖(14)のある丹沢（たんざわ）山地(15)東部の神奈川県愛甲郡愛川町で、県下随一（ずいいち）の広

(13)宗茂…1953～。大分県出身のマラソン選手。モントリオール、モスクワ（不参加）、ロサンゼルスの五輪3大会での日本代表。一卵性双生児の弟・猛とともに、多くの国際大会で入賞を果たしている。

さ30haを誇る「服部牧場」のオーナーである。牧場はファミリーが楽しめるバーベキュー施設やアイスクリーム工房も併設する観光牧場だ。

ホームページを開くと服部誠の名前がオーナーとして小さく書かれているが、かつて箱根駅伝を走り、12人抜きを演じた伝説のランナーであることにはひと言も触れていない。箱根での実績同様、じつに爽(さわ)やかで潔(いさぎよ)い生き方である。

この第50回大会では、復路でもごぼう抜きが演じられた。日本大の７区、野中三徳である。６区を終えて先頭の大東文化大とは２分39秒の差をつけられて10位。「この区間で必ずトップに立て」との永田コーチの指示通り、スタートから飛ばす。

４km地点までに東海大、専修大、国士舘大、中央大、東京農大の５人をあっさり抜いたあと、９・８km地点で順天堂大を抜き４位に。さらにスピードを上げた野中は15km地点で東洋大、日本体育大を次々と抜き去って２位に躍り出る。この時点で先頭を走っていた大東文化大との差は４００ｍ。そして19km地点の長い下り坂で一気に大東文化大・鞭馬講二に迫り、大磯駅前の20km地点でトップに立ったのである。

この時点で、日本大は総合順位でまだ東京農大に10秒ほど遅れをとっていたのだが、野中は残り１km地点でさらに猛然とスパート。平塚中継所に飛びこんだときには１時間４分39秒の区間新記録を樹立するとともに、首位を行く東京農大にも逆に10秒差をつけて総合トップに立ったのである。

2年後の1976（昭和51）年の第52回大会でも、信じられないハプニングが起こった。12年連続で出場していた青山学院大が最終の10区で棄権してしまったのである。それも大手町のゴールまであとわずか150mという、にわかには信じられない地点でのことだった。

この年の青山学院大は17年ぶりのベスト10入りかと、下馬評（げばひょう）はけっして低くはなかった。総合11位で襷を受けとった最終10区の走者、杉崎孝は快調に飛ばす。しかし、ゴール前3㎞地点あたりから走りがおかしくなる。

フラフラしながら2度転倒。そして、ついにあと150mの地点で意識を失う。太田コーチが棄権を申し出て、杉崎はその場から救急車に乗せられ、病院に直行したのだった。後日、杉崎は「就職活動で秋に思い通りの走り込みができなかった」と悔しさをにじませたが、救急車に乗せられた時点でも意識は朦朧（もうろう）としたままで「ゴールできたかどうかが気がかりで、救急車の中で何度も尋（たず）ねた記憶が残っています」（『箱根駅伝70年史』より）と語っている。

青山学院大は、この翌年から2009（平成21）年の第85回大会まで、じつに33年間も箱根

(14)宮ケ瀬湖…神奈川県北西部に位置する2000（平成12）年に完成したダム湖。周辺は美しい景観が望める観光スポットで、娯楽施設も整備されている。

(15)丹沢山地…神奈川県北西部に広がる東西40㎞、南北20㎞に及ぶ山地。大部分が丹沢大山国定公園に指定されている。最高峰は1673mの蛭ケ岳。東端に山岳信仰で有名な大山（おおやま）が位置する。

駅伝から遠ざかざるを得なくなってしまった。

とてつもない記録が誕生したのは、１９７７（昭和52）年の第53回大会でのことだった。４年ぶり６度目の優勝を飾った日本体育大は、１区から10区まで一度もトップの座を他校に明け渡すことのない正真正銘の「完全優勝」を成し遂げたのである。往路のスタートから復路のゴールまでの２１７㎞を常にトップで走り通した〝パーフェクト・ラン〟だった。

このとき１区を任されたのは、１５００ｍの日本記録保持者だった石井隆士である。大手町の読売新聞社前を号砲とともにスタートした時点ですでに先頭に立ち、37ｍ先を左折して日比谷通りに出たときには一団からすでに数メートル先行していた。

３・７㎞地点の芝・増上寺前では後続を１００ｍ引き離し、10㎞を29分38秒、20㎞を60分30秒の好タイムで快走。鶴見中継所では、従来の記録を１分13秒縮める１時間４分９秒の区間新記録で２区の関英雄に襷を渡した。２位は中央大と東海大が競り合うように中継所に飛びこむ。トップとのタイム差は１分22秒。

この〝パーフェクト・ラン〟での唯一の「ピンチ」は関の走った２区だった。権太坂を下り終えたあたりから足取りが重くなり、快走する東京農大の山本吉光に８秒差まで迫られたのである。関は何とか持ちこたえる。戸塚中継所での東京農大との差はわずか12秒だった。

結局、この後も日本体育大は首位をキープし続け、見事に快記録を達成したのである。

初のテレビ中継は巧みなアイデアで実現

新しい年が明けて2日目の1月2日は、かつて「書初め」や「初荷」の日だった。2日夜から3日の朝にかけて初めて見る夢（元日から2日にかけて見る夢との説もある）は「初夢」といわれ、良い夢を見るために、枕の下に七福神が乗り合わせた宝船の絵を敷いて床に就く人が多かった。

しかし、昨今の1月2日は箱根駅伝の往路がスタートする日。ウィキペディアの1月2日の「年中行事」の欄には皇室の一般参賀とともに「箱根駅伝往路」と書かれている。

多くの国民は1月2日の午前8時、つまり箱根駅伝のスタートの時間に合わせてテレビを点け、芝・増上寺辺りを通過する選手たちの映像を確認して、あらためて正月気分を実感するのではないだろうか。

しかし、テレビでこのような情景が見られるようになったのは意外に最近のことである。日本テレビ系列の放送局で箱根駅伝の生中継が始まったのは1987（昭和62）年の第63回大会からで、完全生中継は2年後の1989（昭和64／平成元[16]）年を待たなければならなかった。

なぜ、箱根駅伝はテレビでの中継ができなかったのか。最大の理由は箱根の山の電波事情が生中継を許さなかったからである。簡単にいえば、連なる山にさえぎられて地上波の電波が途切れてしまうからだ。中継するためには新たな電波（中継）塔の建設が必要なのだが、放送局独自ではなかなかできることではなかった。

１９５３（昭和28）年の第29回大会で、初めて箱根駅伝をラジオ放送に乗せたＮＨＫは、翌第30回大会での早稲田大アンカー昼田哲士の〝失神ゴール〟（94ページ参照）を実況した。以来、このスポーツ・イベントは人気コンテンツになっていたので、何とかテレビでも中継できないものかと研究を重ねていた。同じように、主催者の読売新聞社系列の日本テレビもテレビ中継を模索していたのである。

ところが、初めてこの大会をテレビで放映したのは、当時地上波キー6局の最後発で、視聴率の低さから「テレビ番外地」とさえ揶揄されていた東京12チャンネル（現・テレビ東京）だった。１９７９（昭和54）年の第55回大会である。

前年の１９７８（昭和53）年12月に行われた福岡国際マラソン(17)で早稲田大の2年生瀬古利彦が優勝し、１９８０（昭和55）年のモスクワ五輪でメダルを狙える若手有望選手として俄然脚光を浴び始めたのが、テレビ放映の引き金になったようなのである。

旗を振ったのは同局の名物プロデューサー白石剛達(18)だ。ＮＨＫのディレクターから「本気で箱根をやるの？」といわれた白石は、アイデアを駆使して放送の実現にこぎつける。

放送日は復路の1月3日。枠は正月特別番組。大手町のゴールシーンを中心にした番組だった。東京12チャンネルは、翌1980年の第56回大会からは放送のスケールをアップさせる。生中継は9区から10区、鶴見中継所の襷受け渡しのシーンも入れるようになり、さらにそれまでのレースシーンのハイライト部分をダイジェストにして組みこむスタイルも確立。

そして、翌年の第57回大会からは、放送枠は2時間に延長される。ハイライト・シーンはVTRに撮った映像をバイクに乗せて本社に持ち帰り、急いで編集して放送に組みこむ手法がとられた。万一の事故を想定すると、とてもNHKなどにはできない〝離れ業〟だったが、それを敢えてやってしまうのが、白石率いる当時の東京12チャンネル運動部のバイタリティだった。

このスタイルでのテレビ中継は、1981（昭和56）年に局名が東京12チャンネルからテレビ東京に変わってからも続けられた。日本テレビが放送を開始する1987年の第63回大会の前年までは「箱根駅伝のテレビ中継」といえばテレビ東京で、1983（昭和58）年の第59回大会では、2ケタの視聴率を記録したのである。

(16)昭和64年…昭和天皇が崩御された1月7日までが昭和64年。1月8日午前0時に改元し、平成元年となる。

(17)福岡国際マラソン…1947（昭和22）年から開催されている男子マラソン大会。

(18)白石剛達…1929～2014。東京都出身。1964（昭和39）年に東京12チャンネルに入社。1970（昭和45）年のサッカーワールドカップ・メキシコ大会において、日本初の実況中継を実現させた他、ローラーゲーム、キックボクシングなど旧弊にとらわれない数々のスポーツ番組を世に送り出した。

「瀬古利彦と中村清」の栄光と挫折

おそらく過去の日本人陸上競技選手のなかで、もっとも人口に膾炙されているのは瀬古利彦なのではないだろうか。1970年代の後半から80年代の前半にかけての瀬古は、その実力はもちろん、醸し出す雰囲気、師匠である早稲田大競走部の中村清監督との師弟関係など、この「物語の宝庫」にメディアはこぞって多くの紙面や放送枠を割いた。

瀬古は三重県四日市市に生まれた。陸上競技の強豪校・四日市工業に進学した高校1年のとき、山形で開かれたインターハイの800mに出場し、3位に入賞する。2年時の地元三重でのインターハイでは800m、1500mで優勝。3年時の福岡インターハイでも、800mと1500mの2冠に輝く成績を残している。

当然、大学からの勧誘が殺到する。いっときは中央大への進学が決まりかけていたが、どうしても早稲田に行きたかった瀬古は、1年間の浪人の末、教育学部体育学専修課程に入学する。この時点では、まだ800m、1500mを中心とする中距離ランナーとしての「期待の星」だった。

それが早稲田大に入学、いや、正確には入学の1か月前に行われた1976（昭和51）年3

月の千葉県館山市での早稲田大競走部の合宿で、その後の人生が決められてしまうのである。瀬古と「対」で語られることの多い中村清監督は、戦後、闇市で手にした金を懐に母校の早稲田大競走部を指導。3章でも述べたように、のちに映画監督として大成した篠田正浩らを指導し、1952（昭和27）年の第28回大会では、早稲田大を18年ぶりの優勝に導いている。「気持ちで走る男」の異名と同時に「人の好き嫌いが激しい」「生意気だ」等々の風評もあり、有力OBの河野一郎と対立。監督を解任させられ、その後、東急グループを指導し、1964（昭和39）年の東京オリンピックに9人のオリンピアンを送りこんでいる。しかし、9人とも好成績を残せず、中村は自ら監督を辞任した。

　中村と瀬古の物語は『箱根駅伝ナイン・ストーリーズ』（生島淳著、文春文庫）に詳しい。中村は、瀬古が入学した1976年に、弱体化していた早稲田大を復活させるために請われて監督に復帰した。このとき63歳。前述した館山合宿で、中村は部員を前に、突然こんな話を切り出した。この年の早稲田大は箱根駅伝で予選落ちし、本戦には出場していなかった。

「いまの早稲田が弱いのは君たちの責任ではない。OBのせいだ！　俺がOBを代表して謝る」というが早いか、やおら自分の手で自分の顔を殴り始めたのである。やがて中村の口の辺りから血が流れだしたという。

　エキセントリックな中村は「強くなるには何にでも素直にならなければいかん。俺はこれを食ったら世界一になれるといわれたら、食う」というと、足元の雑草を引き抜き、土のついた根っこを躊躇（ちゅうちょ）することなく口のなかに入れたエピソードも残している。

　この中村のカリスマ性に瀬古も洗脳されてしまう。新入生の瀬古を見た中村は、「君は中距離ランナーだが、世界一になれるのはマラソンだ。私も命を懸（か）けて面倒を見るからついて来られるか」と声をかけた。その真剣なまなざしに、瀬古は思わず「はい、お願いします」と返事をしたのである。当初、中村の監督の任期は2年間の期限付きだったが、瀬古が入学したことで8年に延びていた。

　この年、１９７７（昭和52）年の第53回大会で、瀬古は1年生ながら2区を任された。順位は区間11位。タイムは1時間16分58秒。早稲田大の総合順位は13位で、シード10校のなかには入れなかった。そして、わずか1か月後に瀬古が挑（いど）んだのが自身初めてのマラソン挑戦になる京都マラソン[19]だった。結果は「目の前が黄色くなって」と大失速。それでもフラフラになりながら完走を果たした。記録は2時間26分0秒。

　瀬古の箱根駅伝とマラソンへの挑戦はこのときから始まった。翌年、2年生になった瀬古は12月初旬の福岡国際マラソンに出場。成績は日本人トップの5位で、記録は2時間15分0秒。3年時には同じ福岡で2時間10分21秒のタイムで優勝。4週間後の箱根駅伝では2区を1時間12分18秒の区間新記録で走り抜き、早稲田大を総合4位に押し上げる原動力になっている。

翌1980（昭和55）年にはモスクワ五輪が開催される。ストイックな表情を崩すことなく、まるで修行僧のように黙々（もくもく）と走る姿は、いやがうえにもテレビ桟敷（さじき）の日本人老若男女の胸を打つ。モスクワ五輪前年の1979（昭和54）年12月の福岡国際マラソンは、モスクワ五輪の代表を決める最終選考会を兼ねていた。瀬古はライバルの宗茂・猛（たけし）の兄弟を抑えて優勝。念願のモスクワへの切符を堂々ともぎ取ったのである。

4週間後に行われた、瀬古にとっては最後の箱根駅伝となる1980年の第56回大会で、またしても2区の区間記録を更新する。1時間11分37秒。前年を41秒も上回る好タイムで、いまや「早稲田の瀬古」は日本人なら誰もが知っている「モスクワの星」になっていたのだった。

この大会、2区の最後の上り坂で、伴走車のジープに乗った中村はハンドマイクで早稲田大の校歌『都の西北』を高らかに歌い上げた。中村にいわせると、これは卒業していく4年生に向けての「はなむけ」なのだそうだが、瀬古はこの『都の西北』に「早稲田のユニホームを着て走る最後でしたから、あれは泣きましたね。あれ（都の西北）だけでホント走れちゃう。一生残ります」（『箱根駅伝・世界を駆ける夢』より）と述べている。

瀬古人気はピークに達していた。この大会、2区を走り終えた瀬古が上半身裸のまま伴走車

(19)京都マラソン…1969（昭和44）年に第1回大会が行われた、新人の登竜門的な大会。中長距離選手の育成を目的に、1982（昭和57）年まで開催された。

のジープに乗りこみ、両手を大きく広げて沿道のファンに応えている写真が残されている。ちなみに、鶴見中継所で待つ瀬古にメディアが集中するのを避けるため、フードを頭にかぶせた瀬古の〝影武者〟まで用意されていた。

このような盛り上がりの一方で、1980年のモスクワ五輪は同年5月24日に日本のボイコットが正式に決定した。ソ連のアフガニスタン侵攻(20)に抗議する政府の意向にJOC（日本オリンピック委員会）も従わざるを得なかったのだ。

箱根駅伝は1984（昭和59）年の第60回記念大会を迎える。過去最多の20校のなかには東京大、東京学芸大の名前も見えるこの大会で総合優勝を果たしたのは中村監督率いる早稲田大だった。じつに30年ぶり10度目の栄冠だった。

瀬古は、もっとも脂の乗り切った時期に「檜舞台」を踏めなかった。同じく1984年、ロサンゼルス五輪に出場したが、2時間14分13秒で14位に終わっている。瀬古と中村がつくり上げた時代は、すでに過去のものとなりつつあった。

中村は翌1985（昭和60）年5月、釣りに出かけた新潟県の魚野川で岩から足を滑らせ川に転落し、不慮の死を遂げている。享年71だった。

(20)アフガニスタン侵攻…共産主義勢力と対抗する武装勢力の争いに、1979（昭和54）年12月24日、ソ連軍が軍事介入し戦争状態となった。以後、泥沼化したが、ソ連軍は1989（平成元）年に撤退した。

メディアは「数字」が大好きである。とくに「○年ぶりの出場」というワードは見出しになるので、常に大きく取り上げられる。そこで〝久しぶり度〟のベスト5をまとめてみた。また、かつて出場したものの、最近はさっぱり〝ご無沙汰〟な大学も挙げてみたい。

「ブランク年数」ランキング

順位	学校名	年数	ブランク期間
1	立教大学	55年ぶり	第45回～98回
2	青山学院大学	33年ぶり	第53回～84回
3	筑波大学	26年ぶり	第71回～95回
4	東京学芸大学	23年ぶり	第38回～59回
5	青山学院大学	19年ぶり	第23回～40回

「ご無沙汰」大学ランキング

順位	学校名	前回出場
1	成蹊大学	第28回(1952年)
2	埼玉大学	第35回(1959年)
3	防衛大学校	第39回(1963年)
4	東京大学	第60回(1984年)
5	東京学芸大学	第60回(1984年)

6章——テレビ生中継が実現。国民的行事へ

◉1987年（第63回）〜2002年（第78回）

テレビ生中継の成功が「大会の消滅」を救った

日本テレビが箱根駅伝のテレビ中継を始めたのは1987（昭和62）年の第63回大会からである。前述したように、箱根駅伝の生中継は、コースを取り囲む箱根の山々に電波が阻まれるので、技術的には実現は不可能だと思われていた。

少し専門的になるが、なぜ不可能と思われていたかを説明してみよう。たとえば、移動中継車や定点に固定したカメラが映した映像は電波に乗せて、東京の日本テレビ本社に送られる。山に代表される障害物が存在しなければ、つまり標高が高く、周囲に障害物がない場所であれば、電波はすんなりと東京まで届くが、国道1号は山に囲まれたなかを縫うように走っているので、そうはいかない。中継車から電波を見晴らしのいい中継基地（電波塔）に送り、その

後もいくつかの基地を中継して本社に送らなければならないのだ。

さらに、機材の問題もある。中継車、カメラといったハードから、それらを動かすスタッフの数を、競技場で行われる一般的なスポーツ中継とはくらべものにならないくらい多く確保しなければならない。前年まで部分的な実況を交えて果敢にテレビ放映に挑戦し続けてきたテレビ東京が、完全中継を断念せざるを得なかった理由のひとつは、系列局（ネットワーク）の少なさ（日本テレビは24局、テレビ東京は4局）が致命的だった。つまり、大量の機材とアナウンサー、ディレクターも含めたスタッフを集められなかったからだといわれている。

このような事情の他に、番組として果たして1日4時間以上の長時間生放送に視聴者がついてきてくれるかどうか、さらに関東だけの、それも学生の大会に大企業のスポンサーが協賛してくれるのか、という問題も当然考えられた。

関東学生陸上競技連盟では、ラジオ放送で実績のあるＮＨＫにテレビ放映を内々に打診していたのだが、結局実現しなかったのは「関東ローカルの競技は全国放送にふさわしくない」と「時間が長すぎる」の2点がネックだったといわれている。

しかし、いつの時代も不可能は努力によって可能になるものである。まず電波事情。箱根の二子山（標高１０９９ｍ）に立っているＮＴＴの電波中継所が使えるようになったのだ。毎年の箱根駅伝テレビ中継では「この放送はＮＴＴ東日本のご協力により、箱根の二子山無線中継所を拠点として……」と必ず紹介されているのをご存じだろうか。さらに、平塚市と大磯町のあいだにある標高１８０ｍの湘南平[1]にも中継拠点を設けた他、ヘリコプターも飛ばして万全を期したのだった。

初回のテレビ放映に携わったスタッフは総勢でおよそ７００人だといわれている。そのうちの何人かは、数日間現地の箱根に滞在しなければならない。ところが、この時期の観光地は年末年始のかき入れ時。箱根の旅館・ホテルはどこも予約客で満室だった。途方に暮れていたところに救いの手を差し伸べてくれたのが箱根小涌園[2]だった。「宴会場であれば泊められます」との申し出があり、食事こそ自前だったが寝る場所と風呂は確保できたのである。

現在、毎年の放送で中継所以外でアナウンサーが配置されているのは、ここ「小涌園前」だけ。アナウンサーも「小涌谷」とはいわず必ず「小涌園前」というのは、このときの窮地を救ってくれた感謝の気持ちを表しているのである。

この年の放送は、おおむね成功裏に終了した。最大の課題だった箱根の上り下り、5区と6区を完全にカバーできたからである。しかし、人員と機材の関係で、途中の3区と4区、7区から9区の実況ができなかった。細かな放送時間は、往路が7時55分から10時25分までと、12時から13時55分までの2部構成。復路も7時55分から9時25分、12時から13時55分までの放送で、延べ2日間4部構成の放送だった。

翌1988（昭和63）年の第64回大会は中継体制が大幅に改善された。それでも往路の10時25分から10時50分、復路の10時30分から11時までは別番組を放送しなければならなかったため、3区と8区の一部の中継が中断された。結局、往路・復路とも全コースが完全生中継されたのは翌1989（昭和64）年の第65回大会からだった。

初めて日本テレビが生中継した第63回大会は、9区で日本体育大を逆転した順天堂大が2年連続、通算6度目の総合優勝を果たしたのだが、このとき、最終の10区を先頭で走っていた順天堂大がまったく予期しない出来事に遭遇した。

鶴見中継所を過ぎた2㎞地点で、興奮した若い男性がコースに飛び出し、快調に飛ばしていた工藤康弘に接触。工藤は転倒してしまったのである。すぐに起き上がり、その後も何事もなかったように走り続けた工藤は、2年連続のアンカーらしく、レース後「足が引っかかって転びましたが、動揺はしませんでした」と冷や汗ものだった状況を気丈に語った。2位の日本体育大とのタイム差は1分5秒。「後半の順大」を身をもって示したレースだった。

テレビは生放送なので、レースでのハプニングはそのまま放送される。翌第64回大会では復

（1）湘南平…神奈川県の平塚市と大磯町の境にある泡垂山（あわたらやま）の山頂と周辺を指す地名。一帯は高麗山（こまやま）公園として整備されている。
（2）箱根小涌園…箱根町二ノ平・小涌谷にあるリゾート。県道734号線の終点が国道1号と合流するY字交差点に所在する。

路の中継で、6区をトップで走る順天堂大の仲村明（なかむらあきら）が箱根登山鉄道の踏切（小涌谷踏切）を渡る手前で遮断機が下り始め、移動中継車が踏切の手前で立ち往生してしまった。

　仲村はうまく遮断機をくぐり抜けたが、中継車はそうはいかず、置いてきぼりを食ってしまい、以後しばらく先頭の様子が画面に映らなくなった。ちなみに、当時踏切は電車の運行が優先されたが、その後、安全のため電車のほうが踏切手前で停車し、ランナーを優先する措置が取られるようになった。

　さて、テレビ放映の結果はどうだったのだろうか。第63回大会は、往路の2部が18・7％（以下、いずれもビデオリサーチ調べ）で、復路の2部が21・2％。第64回大会はそれぞれ19・2％と20・3％。第65回大会は18・7％と21・7％と、予想以上の視聴率をマークしたのである。

　じつはこの時期、箱根駅伝は正月の交通混乱を回避したいとの理由で、警察庁からコースの変更、もしくは大会自体の中止を要請されていた。しかし、この数字を見る限り、もしも警察の要望で箱根駅伝が消滅したり、あるいは東京の中心部を走れなくなったりしたら、社会的な怨嗟（えんさ）の声が沸（わ）き起こるのは必定だった。そして、この話はいつのまにか立ち消えになったのである。

　箱根駅伝の人気はテレビ放映とその視聴率から、もうすでに〝お上（かみ）〟も口をはさめない状況になっていた。

全区間生中継の実現は時代の要請だった

箱根駅伝の協賛企業の筆頭格は、いわゆる「冠(かんむり)」スポンサーといわれている「サッポロホールディングス株式会社」である。

正式名称は「特別協賛」。有り体(ありてい)にいえば、たくさん協賛金を出している企業だ。当然その分、特典も多く付くのが広告業界の常識で、テレビ放映での箱根駅伝の正式番組タイトルは「★SAPPORO新春スポーツスペシャル第○○回東京箱根間往復駅伝競走」となる。

さて、その協賛金の額だが、もちろん明らかにはされていない。さまざまな金額が噂されているが、だいたい1回の開催で8億~10億円くらいではないかというのが一致した見方だ。2021(令和3)年に開催された「東京オリンピック2020」の協賛企業のスポンサー料が1年間で15億~25億円程度ではないかといわれているので、わずか2日間のイベントでその半分の金額が動くのだから、国内のスポーツ・イベントとしては超破格といわざるを得ない。

しかし、箱根駅伝を2日間で合計12時間以上を生中継で放送するためには、どうしてもそれくらいのコストがかかってしまうのである。前述したように、1987(昭和62)年の初回放送でもスタッフは総勢約700人あまり。それが最近では1000人規模に拡大されている。

このあたり、よりくわしく中継体制を見てみると、まず中継ポイントが50か所。使われるテレビカメラが81台。移動中継車2台に、同じく移動中継のトライク（三輪バイク）が2台。固定の中継車が12台にヘリコプターが3機。アナウンサーは実況・サブを含めて20人。もちろん日本テレビとしては最大規模の「生放送」体制で、系列局の助けなくしては実現できない。

さらにアナウンサー、ディレクター、記者たちが1年前から出場を予想されるチームに張りついて取材を重ね、データと放送に必要なコメントを集める。とくに実際に箱根路を走るであろう20校10区間の選手とプラス何人かのサブ選手のプロフィールは、エピソードなども含めて事前に取材し、きちんとまとめておかなければならない。このような準備をしなければ、実際のレースで実況するときのアナウンサーが話すネタがなくなり、放送に「厚み」がなくなってしまうからだ。

箱根駅伝のテレビ中継で、もっとも現場の臨場感をお茶の間に届けてくれるのが、移動中継車の存在だろう。テレビ放送初期の時代は3台の中継車が選手を追いかけていた。内訳は、まず1号車が先頭を走り、常にトップを映す。2号車がカバーするのは2〜5位あたり。とくに前後の順位が入れ替わりそうなところを重点的に追いかける。

そして3号車。往路では2号車より後ろを走る注目選手や、たとえばごぼう抜きなどの注目場面をカバーし、復路では視聴者の関心が高い10位前後のシード権争いを中心にカバーするパターンだった。

2003（平成15）年の第79回大会からオートバイによる移動中継が開始され、より機動的な動きができるようになり、さらに2010（平成22）年の第86回大会からは移動中継車は1号車と3号車の2台に絞り、2号車と4号車はトライクを使うようになった。突発的な出来事にも柔軟に対応できるように体制を整えたのである。

その他では各中継所や前述した「小涌園前」などには固定カメラが設置されている。そのなかで函嶺洞門(かんれいどうもん)(3)付近の国道1号と日本橋（第75回大会から復路の10区に新たに組みこまれた）ではクレーンカメラが使われ、箱根駅伝ならではの「絵になる」映像を届けている。

ところで、なぜ1980年代後半のこの時期からテレビ放映が始まったのだろうか。確かに技術的な面が解決されたのは最大の要因だが、やはりバブル経済(4)の時代背景を無視するわけにはいかない。

バブル時代はいまでも語り草になっている「超売り手市場」で、就職内定者がハワイに旅行させてもらったなどの、いまでは考えられない新卒者の就活状況（1991年には大卒の有効求

(3)函嶺洞門…箱根町にある長さ100・9m、幅員6・3mのスノーシェルター式落石防止施設。1931（昭和6）年建設。国の重要文化財。洞門迂回バイパスの整備により、2014（平成26）年から通行禁止になっている。
(4)バブル経済…1986（昭和61）年11月～1991（平成3）年5月までの55か月間に、日本で起こった資産価値の上昇と好景気、およびそれに付随した社会現象。

人倍率が2・86倍＝リクルート調べ）や、空前のディスコ・ブームなどの社会現象のなかで「メセナ活動[5]」が注目され始めた時期でもあった。

これは、企業が芸術、文化、スポーツなどの振興に資金を提供して自らのステータス（社会的価値）を高めようとする活動で、やはり背景にはバブル経済で得た利益の「有効な使い道」として、直接的な広告・宣伝ではない「社会への還元」という発想が背景にあったのではないだろうか。

そして、そのような企業活動の仲介をしていたのが広告代理店だった。箱根駅伝で主催者（読売グループと関東学生陸上競技連盟）と協賛企業のあいだを取り持ったのは、読売系列の読売広告社。そして現在は、親会社の博報堂ＤＹホールディングスが一緒になって仕切っている。「テレビ放映＋協賛スポンサー＝国民的イベント」の図式は、やはりバブル時代の経済的な側面なしには実現しなかったのではないだろうか。

形式的には、単なる関東地区の大学による駅伝競走が、強力なスポンサーを得られたのはじつに幸運だった。その後、バブル経済は弾けてしまったが、箱根駅伝の視聴率は上昇し続ける。1993（平成5）年の第69回大会は、往路が26・9％、復路が27・8％をマーク。そしてついに2021（令和3）年の第97回大会では、往路31・0％、復路33・7％という信じがたい数字を叩き出すのである。

ちなみに、箱根駅伝で主催者に入る収益金は公表されていないが、2億～3億円といわれている。そして、視聴率から換算した特別協賛企業の広告効果は一説によると60億円とも。おそらく、この状況は今後もしばらく続いていくに違いない。

「テレビ時代」ならではの新興勢力が登場

箱根駅伝のテレビ放送は新たな価値観を生み出した。それはテレビの持つ「広告・宣伝的」な一面である。自分たちが経営する大学がいかに素晴らしいかを、コマーシャルなどを使って宣伝するよりも、箱根駅伝で上位を走ることのほうが何十倍もの効果があることに気がついた私大の経営者がいたのである。

彼らが注目せざるを得なかったのが視聴率の高さだった。スタート時の1987（昭和62）年の第63回大会でさえ、すでに往路18・7％、復路21・2％を叩き出している「数字」は、その後も下がることはなく、山梨学院大が初優勝を飾った1992（平成4）年の第68回大会では、往路23・1％、復路26・1％と上昇の一途（いっと）をたどっている。

（5）メセナ活動…フランス語で「芸術文化支援」の意味。企業が自ら主催するコンサート、講演会、美術展、スポーツイベントの他、それらに対しての資金援助、寄付、協賛などを指す。

放送時間も、このときは1月2日の往路が380分（6時間20分）、3日の復路が395分（6時間35分）で2日間の合計時間は775分（12時間55分）。はなはだ雑駁な計算になるが、その全放送時間の10％で、トップあるいはトップグループの選手（団）が放送されていたと仮定しても、時間は77分30秒。1時間以上も選手のユニホームの胸に掲げられた大学名が大きく映し出され、同時に大学の名前が連呼されるのである。

ちなみに、2009（平成21）年の第85回大会で、伝説の〝山の神〟柏原竜二（後述）を擁して初優勝を成し遂げた東洋大は、その年の春の受験者数が前年にくらべて約1万人増加。翌2010（平成22）年はさらに4000人ほど増えている（「J-CASTニュース」2012年1月4日より）。下世話な話で恐縮だが、受験料をひとり1学部あたり3万5000円として単純に計算しても、約5億円の「臨時収入」が大学側にもたらされたことになるのだ。

1980年代から90年代にかけて、日本は円高の影響もあって、実質的には世界有数の「豊かな国」になっていた。国民1人ひとりが豊かになれば、当然、各家庭とも子弟の教育に金をかけるようになるのが自然の流れである。この時期、国もまた高まりつつある高等教育の需要に応えるべく、大学の新設を認める方向に舵を切り始める。

文部科学省が10年ごとのデータをまとめた「学校基準調査」によると、全国の大学数の推移は、1970（昭和45）年の382校から、1980（昭和55）年446校、1990年（平成

2）507校、2000（平成12）年649校と、1970年を100とすると30年間で170％の伸びを示している。とくに私立大学にその勢いは顕著（けんちょ）で、同調査でも「1980年代後半から2000年代前半にかけて増加している」とのコメントが書き添えられている。

ブランド力のあまり強くない私立大学にとって、箱根駅伝は生き残りをかけるための格好の舞台だった。そしていち早くそのことに気づき、積極的に取り組んだのが山梨学院大学だったのである。

山梨学院大が初めて箱根駅伝に出場したのは、1987（昭和62）年の第63回大会だ。チームを率いたのは上田誠仁（うえだまさひと）監督。1979（昭和54）年の第55回大会で順天堂大が優勝したときに5区を走った、澤木啓祐（さわきけいすけ）監督の「門下生」である。卒業後は郷里の香川県で教員生活を送っていた上田に、山梨学院大からオファーがもたらされた。「陸上部をつくり、箱根駅伝に出場したい。ついては力になってほしい」と。どうやら恩師の澤木の推薦があったようなのだ。

上田は引き受ける。自ら選手と一緒になって走りながら、指導と同時にリクルーティングも活発に行った。2年後、正確には実質1年7か月後、予選会で最終枠に滑りこんで箱根駅伝本戦への初出場を果たした。

1区の福田正志（ふくだまさし）が14位で2区の鈴木治に襷を渡したが、以後ずっと最後尾を走る。しかし、大手町のゴールに飛びこんだアンカーの高橋真（たかはししん）の顔には悲壮感も悔しさもなく、笑みさえこぼれていた。1年生9人が襷をつなぎ、創部からわずか3年目で完走を果たしたからだった。ちなみに、アンカーの高橋はのちの漫画家・高橋しん[6]である。現役時代からチームのTシャツをデザインし、他校の選手や高校生たちのあいだでは密(ひそ)かに人気になっていた。

山梨学院大の順位は年を追うごとに上がっていった。翌第64回大会で11位。後述するケニアからの留学生が初めて2区（ジョセフ・オツオリ）と8区（ケネディ・イセナ）を走った第65回大会では7位。次の66回大会4位、67回大会2位と、着実に実力をつけ、とうとう創部から8年目、初出場から6度目の1992（平成4）年の第68回大会で、初優勝に輝くのである。

2区のオツオリ、3区のイセナの留学生の活躍はあったものの、彼らに引っ張られるように力をつけてきた全国的には無名の選手の力走も原動力になった。6区の廣瀬諭史(ひろせさとし)、8区の下山保之(しもやまやすゆき)はともに区間賞に輝いている。記録は11時間14分7秒。

そして2年後の1994（平成6）年の第70回記念大会で2度目の栄冠に輝いたときのタイムは、史上初めて11時間の壁を破るものだった。10時間59分13秒。初出場で最下位になった7年前から48分44秒も速くなっていた。

新興勢力といわれた大学のいくつかは、東京以外を本拠地にしていた。埼玉県東松山市の大東文化大（本部は東京都板橋区）、山梨県甲府市の山梨学院大、そして横浜市神奈川区の神奈川大もそのひとつである。

戦前の１９３６（昭和11）年の第19回大会に横浜専門学校として初参加。戦後も１９５０（昭和25）年の第26回大会から神奈川大として参加しているが、成績は振るわず、最高順位は１９５２（昭和27）年、１９５３（昭和28）年の第28、29回大会での10位が精いっぱいだった。１９７４（昭和49）年の第50回記念大会で最下位の20位になったのを最後に、18年間本戦出場からは遠ざかっていた。

この大学にコーチとして就任したのが、日本体育大ＯＢの大後栄治（だいごえいじ）。１９８９（平成元）年のことである。コーチ就任４年目、１９９２年の第68回大会に19年ぶりに出場した神奈川大の結果は15校中14位。コーチを引き受けたとき「３年あれば何とか（本戦には）」と目星をつけていた強化策が、徐々にではあるが開花し始めていた。

このときのメンバーのなかで、４年生は３区を走った大勝浩一ただひとり。あとの９人は３年生以下の下級生。このあたりは、１年生９人で初の箱根駅伝に挑んだ山梨学院大と似ていた。翌１９９３（平成５）年の第69回大会で早くもシード入りの８位を確保すると、その後は７位、６位と順位を上げていき、19年目の再挑戦を実現してから６年目の１９９７（平成９）年の第

(6)高橋しん…１９９０（平成２）年、『好きになる人』で第11回スピリッツ賞奨励賞を受賞。『コーチの馬的指導学』でデビュー。代表作に『いいひと。』『最終兵器彼女』など。２０１６（平成28）年～２０１８（平成30）年にかけて「ビッグコミックスピリッツ」誌上にて駅伝をテーマにした『かなたかける』を連載。

73回大会で初優勝。戦前の横浜専門学校で初出場したときまでさかのぼると、半世紀をゆうに超える、じつに61年の年月が経っていたのである。

テレビ生中継時代に歩調を合わせるように出現したこの2校は、山梨学院大がプルシアンブルーと称されている紺青（こんじょう）の上下で、胸には白抜きで「山梨学院」の文字。神奈川大は白いパンツに上は紺。胸の部分だけ白いプレートが付けられ、紺色で「神奈川大」の文字を浮き立たせている。両校とも自校の名前を「フルネーム」でユニホームに掲げている。

伝統校が「W」（早稲田大）、「C」（中央大）、「N」（日本大）、「M」（明治大）、「H」（法政大）と校名のイニシャル1文字をデザインしているのとは異なり、「きちんと自校の名を視聴者に覚えてほしい」との意図が汲みとれる実質本位のデザイン。テレビの影響の大きさ、つまり一般の人からどう思われるか、具体的に印象に残るかまでも両校の関係者は考えていたとも思えてくる。

『箱根駅伝70年史』のなかでの座談会で、立教大ＯＢの相倉敬司氏は、「（箱根駅伝の開催時期は）受験生募集の直前だからね。中央大だったか、箱根のシーンを受験生募集のビデオに入れてもいいかという問い合わせがありましたよ」と語っている。最多優勝を誇る伝統校でさえテレビの影響力は無視できないどころか、頼らざるを得なくなってきていたのである。

しかし、テレビ中継は別の面で新たな現象を引き起こすことになる。それは途中棄権だった。

選手が箱根を走りたいばかりに、体調の悪さを隠すと同時に、無意識のうちに「いいところを見せたい」と張り切りすぎてしまうのだろう。とくに山梨学院大が2連覇を達成した翌年の1996（平成8）年の第72回大会では考えられない事件が起きたのだった。

「無理してでも箱根を走りたい」が生んだ悲劇

テレビが全区間を生中継するようになった1989（昭和64）年から2年が過ぎた1991（平成3）年の第67回大会。1月2日の午前中の日本テレビ（系列）はとんでもないシーンを映さざるを得なくなっていた。早稲田大の1区を区間新記録で走り抜けた武井隆次から襷を受けとった櫛部静二（現・城西大駅伝部監督）に異変が起きたのである。

櫛部は1区の武井、3区の花田勝彦とともに鳴り物入りで入学し、「早大三羽烏」と呼ばれたうちのひとり。1年生ながら花の2区を任されていた。

快調にトップを走り続ける櫛部の体が、後半に入ったあたりから動かなくなった。ふらふらしながら右に行ったり、また左に戻ったりと蛇行をくり返す。そして、立ち止まってはまた歩き出し、両手で顔を覆うような動作を時折見せながら、また思い出したように走り始め、また止まる。

このような残酷なシーンをテレビは容赦なく映し出す。はつらつとした若いランナーの勇姿を正月のお茶の間に届けるのが本来のテレビの使命なのだが、やはりメディアとしては「常とは異なった状況」を無視するわけにはいかない。櫛部は辛うじて襷だけは3区の花田に渡すことができたが、順位は最後尾の15位。失速の原因は当初、脱水症状だといわれていたが、OBから差し入れられた刺身を一晩おいてから食べたため、軽い食中毒を起こしたことが、後日明らかになった。

これは筆者の想像だが、多少、当日の体の調子がおかしいという自覚があっても、初めての箱根で1年生ながら2区に抜擢された「栄誉」を自ら返上するわけにはいかなかったのではないだろうか。

テレビでの全区間生中継の功罪のひとつが、このあたりにあるのかもしれない。自分の晴れの舞台でのパフォーマンスは、親、友人、知人はもちろん、全国の数多くの国民も見ている、いや見られているから頑張らなくては、という「張り切り」は、いくら「平常心」を心掛けても100%捨て去ることはなかなか難しいのではないだろうか。

櫛部の失速劇から4年が経過した1995(平成7)年の第71回大会。ハプニングはレースも終わりに近づいた10区、4位につけていた順天堂大で起こった。浜野健が12㎞過ぎの品川神社付近で動けなくなったのだ。

必死に走ろうとするが、澤木啓祐監督に説得され、ゴールまで残り9㎞の品川駅付近で涙を呑んで棄権したのである。じつは大会前から脚に故障を抱えていたにもかかわらず強行出場。診断の結果は左脛骨(7)の疲労骨折(8)だった。浜野はこのとき2年生。「無理してでも箱根を走りたい」気持ちがあったのかもしれない。

そして、翌1996(平成8)年の第72回大会では、前述した考えられないような途中棄権が起きたのである。前年優勝の山梨学院大と、この年優勝も狙えるとの下馬評が高かった神奈川大の2校が、同じ4区であいついで倒れてしまったのだ。

最初に異常をきたしたのは神奈川大の高嶋康司だった。6㎞地点の手前、大後監督を乗せた審判車(9)(この時期、伴走車は廃止されていた)のすぐ横で高嶋が左の脛を押さえて立ち止まった。そのまま450mほど進んだところで大後は高嶋の肩に手をかける。「もうこれ以上走らなくてもいい」のメッセージだ。神奈川大の棄権がこの時点で確定した。

同じ審判車に乗ってこのシーンを目撃していたのが山梨学院大の上田監督だった。すぐに2

(7)脛骨…膝と足首の間にあるスネ(脛)を形成する太い骨。
(8)疲労骨折…長年同じ部分にくり返し小さな力が加わることで、骨にヒビが入ったりする状態。慢性的なスポーツ障害のひとつ。
(9)審判車…レースの審判を行う関係者が乗る車両。伴走車が廃止されたことにより、一時は各校の監督・コーチも乗っていたが、現在は「運営管理車」が各校1台伴走している。

号監察車[10]に乗り換え、3位で襷を受けとった自校のエースランナー中村祐二のもとに駆けつけた。中村は実業団から23歳で山梨学院大に入学。箱根駅伝のあとは、この年に開催されるアトランタ五輪の代表を目指して「びわ湖毎日マラソン[11]」に挑戦する予定を立てていた。

その中村が2㎞過ぎから脚を引きずりながら走っていたからである。中村は9㎞地点で最下位に順位を落とす。しかし、小田原の中継所まではあとおよそ10㎞。上田は監察車を降り、後ろ向きに走って中村の顔を見ながら声をかける。中村は走ろうとするが、体がいうことをきかない。ただただ歩き続ける。そして、上田が近づこうとすると手で払いのける仕草。それでも中村は歩き続けたが、とうとう12・5㎞付近で上田に抱きかかえられたのだった。

異変が起きてから、距離にして10・5㎞。時間にして45分あまりが過ぎていた。もちろん、このシーンもつぶさに放映されたのはいうまでもない。中村は後日、アキレス腱の痛みをチームに隠していたことを明らかにしている。ここでも「無理をしてでも箱根を走りたい」一心が透けて見えてくる。

ちなみに、翌1997(平成9)年の第73回大会の総合優勝は神奈川大。準優勝は山梨学院大だった。予選会出場から優勝したのは神奈川大が史上初めてだった。この大会のあと、ルールが一部変更され、1区と6区以外は途中2か所での給水が認められるようになった。理由は危険対策。とくに脱水症状の防止だった。

しかし、このあともアクシデントは散発する。２００１（平成13）年の第77回大会では東海大２区の伊藤孝志（いとうたかし）が12㎞を過ぎた地点でリタイア。理由は不調を押しての出場だった。いくら頑張ってもやはり体は嘘をつかない。翌２００２（平成14）年の第78回大会では、法政大の徳本一善（とくもとかずよし）が２区の７㎞を過ぎた地点で棄権した。

徳本は２００１年のユニバーシアード１００００ｍの銅メダリスト。2年生時の２０００（平成12）年の第76回大会では１区で区間賞を獲得、「爆走王」と呼ばれたスター選手だった。５㎞過ぎでペースアップした瞬間「プチッという音がして」右脚ふくらはぎの肉離れを起こし、棄権した。

徳本のトレードマークは茶髪にサングラス。「ビジュアル系ランナー」としてメディアも積極的に取り上げたいわゆる「テレビの申し子」的な存在だった。しかし、テレビは傷ついた徳本が途中でレースを止めざるを得ない痛々しいシーンを映し出した。

さらに２００８（平成20）年の第84回大会では順天堂大、大東文化大、東海大の３校が、それぞれ５区、９区、10区で棄権している。

(10)監察車…大会役員が乗る車両。「審判車」と同じく、一時期は各校の監督・コーチも乗りこんでいた。

(11)びわ湖毎日マラソン…滋賀県大津市で行われていた男子マラソンの大会。国際大会の代表選考会を兼ねていたが、２０２１（令和３）年に終了した。

留学生たちは、ただの〝助っ人〟だったのか？

プロスポーツの世界では、いつのころからか外国人選手を「助っ人」と呼ぶようになった。これはプロ野球が先鞭をつけたのだが、おもに日本人選手に欠けているパワーとスピードを外国人選手で補強しようという、とてもわかりやすい戦略だった。

やがてこの「助っ人」は同じプロスポーツの大相撲にも波及する。２００kgを超す体重を武器にしたいわゆる「ハワイ勢[12]」の席巻である。１９９０年代の小錦、曙、武蔵丸らの活躍はまだ記憶に新しいはずだ。

勝つためには、そして「勝利＝収入増」に直接的に結びつくプロスポーツの世界では、十分〝あり得る〟戦略のひとつだったのだが、その戦略がアマチュアの、それも大学生の競技である箱根駅伝にまで及ぼうとは、ほとんどの人が想像していなかった。

しかし、箱根駅伝では現実になった。１９８９（昭和64）年の第65回大会。この年、初出場から3年目の山梨学院大は2区にケニアからの留学生ジョセフ・モガンビ・オツオリを起用したのである。

各校がエース級をそろえた「花の2区」で、8位で襷を受けとったオツオリは7人抜きの快走を演じ、区間賞に輝く。この年、山梨学院大はもうひとりのケニアからの留学生ケネディ・イセナを8区に起用したが、結果は区間最下位の15位だった。オツオリの快走は山梨学院大に間違いなく貢献した。この年の総合順位は7位。箱根駅伝出場3年目でシード校入りした〝スピード〟は、まさにオツオリのスピードが原動力になった。

当時、「禁じ手」だと考えられていた外国人留学生を起用した山梨学院大には、当然古くからの箱根駅伝ファンを中心に苦情が寄せられた。上田監督は「あれは外人ではなく〝害人〟だともいわれました」と当時の状況を振り返る。

しかし、リーダーはいったん決意してチームを引き受けたからには勝たなければいけない。大学としてもほとんど無名に近かった校名を広く知らしめて、学生を増やしていかなければならない。生き残るためにはきれいごとはいっていられない。「害人」と罵(ののし)られてもこの戦略はけっしてルール違反ではない。

だからこそ、上田監督は留学生を単なる「助っ人」としての存在だとは考えていなかった。その証拠に、オツオリもイセナも、彼らに続く留学生たちも、大学の付属高校に入学させ、じっくり育てる方針をとったのである。

(12)ハワイ勢…小錦(現・タレント)、曙(現・格闘家)、武蔵丸(現・武蔵川親方)に代表されるハワイ出身の力士の総称。200kgを超す体重で、おもに1990年代に活躍した。

その結果、オツオリの存在は、アフリカから速く走るためだけに突然やってきた一時的な「助っ人」などではなく、競技以外の面でも他の日本人選手の底上げに寄与した〝活性剤〟だったことが徐々に明らかになった。

現在、山梨学院大の駅伝監督で同大学が2位に躍進（やくしん）した1991（平成3）年の第67回大会で1区を走り、2区のオツオリに襷を手渡した飯島理彰（いいじままさあき）は、のちに次のようにオツオリを評価している。

「選手としても、私生活でも、彼は部員の鑑（かがみ）でした。日本語が堪能（たんのう）で、後輩の面倒見がとてもいいんです。私が8位で襷を渡したときも、ひと言も叱らず『来年しっかり頑張ろう』と声をかけてくれました」（『山梨学院大トピックス』2006年9月1日号より）

そして、その言葉通り、翌1992（平成4）年の第68回大会で、山梨学院大は見事初優勝を飾ったのである。脚の調子が思わしくなかったオツオリはこの年2区を走り、それでも区間2位。3年前、区間15位と期待に応えられなかったイセナは3区で区間新記録をマーク。飯島も4区を区間5位の成績で走り抜けた。

オツオリは卒業後ケニアに帰国したが、2003（平成15）年に再来日。新潟県西蒲原郡（にしかんばら）西川町（現・新潟市西蒲区（にしかん））の重川（おもかわ）木材店に入社し、大工として働く傍（かたわ）ら、同社陸上部の選手兼コーチとして若手選手を育て、2006（平成18）年に同社を全日本実業団駅伝の本戦初出場に導いている。

山梨学院大が創立60周年の記念事業として２００６年に竣工した甲府市郊外の「川田『未来の森』運動公園」には、同じ年にケニアで交通事故に遭い、37歳の短い生涯を閉じたオツオリを顕彰するメモリアル・モニュメントが設置されている。石に嵌めこまれた銀色のプレートに記された文言は「陸上競技部草創期の功労者」で始まり、「永く陸上競技部の護り神とする」と結ばれている。

山梨学院大でオツオリの後を継いだのはステファン・マニャング・マヤカ（現・真也加ステファン）だった。１９９４（平成6）年、第70回大会での2年ぶり2度目の総合優勝は、往路、復路ともにトップの完全V、タイムは箱根駅伝で初めて11時間を切る10時間59分13秒だった。マヤカは2区で区間新記録を樹立。同時代のスター選手だった早稲田大の渡辺康幸(13)のライバルとして、第69回大会（早稲田大優勝）、第71回大会（山梨学院大優勝）では、ともに2区を走り、熾烈なデッドヒートをくり広げた（第70回大会の渡辺は1区）。

さらに時代を進めると、２００８（平成20）年の第84回大会の2区で、日本大のケニアからの留学生ギタウ・ダニエルが区間2位となる1時間7分27秒で走り、日本大の順位を19位から

(13)渡辺康幸…千葉県出身。早稲田大のエースとして箱根駅伝などで活躍。卒業後の２００４（平成16）年に母校の監督に就任。第87回大会で総合優勝に導いた。現・住友電工陸上部監督。テレビ中継の解説者も務める。

4位に押し上げる15人抜き（第79回大会の順天堂大の中川拓郎と並ぶ歴代タイ記録）を演じた。

2006（平成18）年の第82回大会から2009（平成21）年の第85回大会まで2区で活躍した山梨学院大のメクボ・ジョブ・モグス（ケニア）の存在も忘れられない。山梨学院大付属高校の時代から「モグちゃん」の愛称で親しまれ、第83回大会以外はすべて区間賞。うち第84、85回大会では区間新記録を樹立している。

当時、モグスの存在は世界を目指す日本の若手長距離ランナーにとって、国内に居ながらにして体験できる具体的な「目標」でもあった。同時期のライバルで、一緒に合宿をするほどの仲であった早稲田大の竹澤健介（現・摂南大ヘッドコーチ）は「彼の存在があったから頑張れた」としみじみ話している。

山梨学院大を中心とした留学生ランナーの存在は、1920（大正9）年に始まった箱根駅伝にとっては「禁じ手」だったのかもしれない。しかし、彼らの存在が日本人ランナーの底上げに寄与したのはまぎれもない事実だった。けっして一時的な好成績だけを請けおう「助っ人」ではなかったのである。

ちなみにマヤカは、女子マラソン選手の盛山玲世と結婚、2005（平成17）年には日本国籍を取得、現在は桜美林大の監督として箱根駅伝出場を目指している。モグスとダニエルはその後、実業団チームに所属したあと、現在は引退している。

新たな強豪校の出現、そして「紫紺対決」へ

いま考えてみると、1990年代は「トリッキー」な時代だったのかもしれない。テレビ中継が本格化し、自校のブランド力を強化したい大学が、情熱とアイデアに富んだ若い指導者を迎え入れ、積極的な強化に乗り出したからだ。

持久力を重視した中長距離走にクロスカントリーの理念を吹きこんだ青葉昌幸(あおばよしゆき)監督率いる大東文化大が1990(平成2)年の第66回大会、1991(平成3)年の第67回大会を連覇した。

次に現れたのは、ケニアからの留学生という、これまでの常識を超えたリクルーティングを開花させた山梨学院大だった。1992(平成4)年の第68回大会、1994(平成6)年～1995(平成7)年の第70回、71回大会を制した。

同大学の本拠地は東京から120km近く離れた山梨県甲府市。本部を東京以外に置く大学として箱根駅伝を制した初めての大学だった、さらにこれも「地方」の大学で、若い監督の指導を受けた神奈川大(本部は神奈川県横浜市神奈川区)が、1997(平成9)年の第73回大会、1998(平成10)年の第74回大会を連覇した。

その間、1993(平成5)年の第69回大会で早稲田大が復権を果たし、1996(平成8)

年の第72回大会では、これも古豪の中央大が32年ぶりの総合優勝を飾った。しかし、中央大の優勝は、神奈川大、山梨学院大の両校がそろって棄権するアクシデントが影響していた。

テレビ中継が当たり前になって10年が経過すると、大学も選手も奇抜さよりも堅実さが何より重要であることに気付き始める。つまり、日々の練習、規則正しい生活、理に適った戦術、エースだけに頼らない平均化したラインナップなどである。そして、この「堅実さ」が結果に現れるようになる。

澤木啓祐監督率いる順天堂大は、それまでの箱根駅伝の「暗黙の常識」を破って復路を重視する戦術を採用していた。テレビ放送で強調されてしまいがちな「花の2区」と「山上りの5区」という派手な区間を、出場各校はどうしても重視しがちだったが、順天堂大は「総合優勝のカギは復路にあり」と見抜き、1999（平成11）年の第75回大会で10年ぶりの総合優勝を果たしたのである。

この大会の往路を制したのは駒澤大だった。総合優勝の順天堂大は2位。のちに「紫紺対決」と呼ばれるようになったライバル同士である。命名は両校のスクールカラーである駒澤大の紫と順天堂大の紺色に由来している。

第75回大会のハイライトは、往路での両校のデッドヒートだった。メディアはとりわけ順天堂大の2区・三代直樹（現・富士通コーチ）と駒澤大の4区・藤田敦史（現・駒澤大監督）の両エースの意地の張り合いに焦点を当てていた。

3年連続で2区を走った三代は8位で襷を受けとる。トップとの差は22秒。前年のインカレで5000m、10000mの2冠に輝いた力を十二分に発揮。7人抜きでトップに躍り出て、3区の入船満に襷を渡した。区間タイム1時間6分46秒は堂々たる区間新記録だった。

平塚中継所からの4区。トップの順天堂大から2分20秒遅れで襷を受けとった駒澤大の藤田は、猛烈なスピードで追い上げにかかる。15㎞過ぎで順天堂大の大橋真一を抜き去り、そのまま5区の神屋伸行に襷を渡す。タイムは1時間0分56秒。こちらも区間新記録。気がつけば、2位順天堂大との差は1分6秒に開いていた。

このような「見せ場」をつくった両校だったが、往路はそのまま逃げ切った駒澤大が制した。しかし、復路は順天堂大に軍配が上がる。9区と10区に高橋謙介、宮崎展仁の強力ランナーをそろえ、2区連続で区間新記録をマークした順天堂大が9区で逆転、そのまま逃げ切って総合優勝を飾ったのである。

駒澤大は1967（昭和42）年の第43回大会に「同好会」として初参加して以来、この年までずっと連続出場を果たしている珍しい大学である。しかし、優勝経験はおろか、1996年までの30年間の順位を平均すると10・4位。最高が1986（昭和61）年の第62回大会の4位だった。

じつはこのとき、2区でトップを走ったのが大八木弘明。2000（平成12）年の第76回大会で、出場34回目にして勝ちとった初優勝時のコーチ、のちの監督（現・総監督）である。

大八木は福島県河沼郡河東町（現・会津若松市河東町）生まれ。会津工業高校卒業時に家庭の事情で大学に進学できず、小森印刷（現・小森コーポレーション）に就職する。

仕事をしながら早朝や昼休みを利用してひたすら走り続け、「どうしても箱根に出たい」一心で、24歳のときに駒澤大学経済学部の二部（夜間）に入学、陸上部入りした変わり種だった。昼間は川崎市役所の公務員として働いていた。

選手・大八木弘明の箱根駅伝初出場は1984（昭和59）年の第60回大会。5区を任され、1時間12分41秒で区間賞を獲得した。あまりにも無名だったため、ラジオ中継のNHKのアナウンサーが名前を事前に把握していなかった。そのため「大八木弘明」の名前がすぐに電波に乗らなかったエピソードを持っている。このあたりが当時の駒澤大の〝地味さ〟を象徴しているようで、なんとも微笑ましい。

大八木が母校のコーチに就任したのは1995（平成7）年。大学卒業後はヤクルトに入社していたが、駒澤大がずっと維持してきた連続出場がいよいよ危なくなってきたためのテコ入れだった。

大八木が幸運だったのは、同じ1995年に入学した藤田敦史との運命的なめぐり合わせである。藤田は同じ福島県の出身（白河市、高校は須賀川市の県立青陵情報高校）のほぼ無名に近いランナーだったが、その藤田が1年の夏を過ぎたあたりから、めきめきと力をつけてきたのである。

「私は高校を出て一度就職してから大学に入った。勉強すること、働くことの重要性についてはしっかり伝えたいと思っている。人生は大学を出てからが本番なので、勉強と競技が両立できないようじゃ、社会に出てから苦労するばかりですから」（『箱根駅伝』生島淳著、幻冬舎新書より）

と、自身の「哲学」の一端（いったん）を語っているが、まさにテレビ時代の狂騒が一段落したあとに現れた「足をしっかりと地に着けた」強豪校の出現だった。

ちなみに、大八木が指導者になって最初に取り組んだのが食生活の改善と意識改革だった。それまで選手個人が自炊していた寮の食事を三食とも「寮母」が提供するようになった。寮母とは、他ならぬ大八木の妻である。

普段の日常生活から選手としての生活を意識させるようにしたところ、部員たちの競技に取り組む姿勢が劇的に変わっていったという。大八木は２００８（平成20）年、多摩川沿いでトレーニングを行っている12の大学でつくる「多摩川会」の会長に就任した。この会は合同で練習や研修を行うと同時に、多摩川周辺の清掃活動など社会奉仕も行っている。

駒澤大と順天堂大の「紫紺対決」は、駒澤大が初の総合優勝を飾った翌年の2001（平成13）の第77回大会も続いた。「復路の順天」の異名を持つ順天堂大の6区は、中央大に続く2位スタート。山下りでトップに立つと、2位の中央大に36秒、3位の法政大、4位の駒澤大に3分あまりの差をつけて7区に襷をつなぐ。

しかし、その7区から駒澤大の猛烈な巻き返しが始まった。7区の揖斐祐治、8区の武井拓麻、9区の高橋正仁の3人がいずれも区間賞を獲得し、残り1区間を残して順天堂大を逆転したのである。

結局、最後は10区で順天堂大が再逆転して総合優勝を飾ったのだが、2位の駒澤大の底力は翌年の活躍を予想するには十分だった。7区から9区までの駒澤大の力走は、澤木啓祐の順天堂大の戦術を密かに研究し「箱根で勝つのは復路」と確信した大八木が、その思いを見事に実践してみせたレースだった。

翌2002（平成14）年の第78回大会から駒澤大は4連覇を達成する。この時点での4連覇達成校は、駒澤大を含めて日本大、中央大、日本体育大、順天堂大のわずか5校だけだった。

痛恨！「襷忘れ」に観衆もびっくり！

箱根駅伝の「主役」は、ひょっとしたら選手でも監督でも、あるいは大学でもなく、じつは「襷（たすき）」なのではないだろうか。

その大事な襷を忘れて走り出した大学が、長い箱根駅伝の歴史のなかで1回だけあったのだ。1990（平成2）年の第66回大会。往路1位の大東文化大がスタートしてから10分後、7位の東京農大以下9校が一斉にスタートした直後だった。集団が20mほど進んだところで、ひとりだけUターンする選手が出現したのである。

それは亜細亜大1年の田中寛重（たなかひろしげ）だった。襷を付け忘れていたことを思い出したのである。再びスタート地点に戻って走り出したが、その間のタイムロスは40秒。田中は必死で山を下ったが、小田原中継所ではトップの大東文化大から20分以上の差がついていたため、肝心の「襷」は渡すことができなかった。

先導車が誤誘導…その結末は？

1990（平成2）年の第66回大会の1区は、各校とも仕掛けるタイミングをけん制しあって、ひとつの集団で進んでいた。15㎞を過ぎても集団は、ばらけない。18㎞過ぎの六（ろく）

郷橋手前の交差点でも集団はそのまま。

するとと、集団の前を行く先導車両がどうしたわけか、誤って正規のルートではない左の側道に入ってしまったのである。トップは一応日本大だったが、ダンゴ状態だったため、2位以下の14選手も日本大に続き全員側道へ。そして、再び本来のコースに合流し、何事もなかったようにレースは続行された。

このコース逸脱は、往路終了後の監督会議で間違いが指摘されたが、結論は「全チームが同じ条件だった」ということで承認されたのだった。

鳴るはずの号砲が、鳴ってくれない…

スタート時間が審判のミスで遅れてしまった「事件」もある。2001（平成13）年、第77回大会の6区での出来事だ。復路のスタート。2位の順天堂大を47秒差で追う法政大・長嶺貴裕は、きっちり47秒後に走り出そうと準備万端整えて待ち構えていたのだが、合図のピストルが鳴らない。

じつは、前年の大会まで復路のスタートでピストルを鳴らすのは1位のみ。2位以下はスタートラインでの手旗が合図だった。それをこの大会から「よりわかりやすく」と、2位以下のスタートもピストルでの合図に変更したのだった。

しかし、慣れていなかった審判がピストルの雷管の入れ替えに手間どり、25秒ほど遅れてしまったのである。このピストルの合図による2位以下のスタートも、翌78回大会からは元通りの手旗に戻されている。

気象が生んだ「箱根の山」のドラマ

箱根駅伝は第1回大会から悪天候に見舞われ、往路の山上りでは雪が降った。

1937（昭和12）年は、復路が積雪のなかでのスタート。1978（昭和53）年の第54回大会は、往路の2日こそ、一時気温が15℃まで上がる快晴のぽかぽか日和だったが、一夜明けた3日は一転、26年ぶりの大雪に見舞われ、箱根の山は25㎝の積雪を記録した。レースは除雪車と融雪剤の散布で対応したが、思わぬところでハプニングも発生した。

新幹線のダイヤが乱れ、日本大の7区を走る小川聡の小田原中継所への到着が遅れたのだ。「あわや棄権か」というなか、寸前に中継所にタクシーで到着。事なきを得た。

2011（平成23）年の第87回大会では6区の路面が一部凍結。大平台を過ぎた15・5km付近のカーブで、早稲田大の高野寛基が転倒。以後このカーブは箱根駅伝ファンのあいだで「高野コーナー」と呼ばれている。

ちなみに、箱根駅伝が天候によって中止、順延に追いこまれたことは、過去一度もない。

7章——「山の神」の時代が到来

◉2003年（第79回）〜2014年（第90回）

出場校枠の増加という大改革が行われたわけ

箱根駅伝の人気は21世紀になってもまったく衰(おとろ)えを見せない。そのあたりを如実(にょじつ)に物語っているのがテレビの視聴率である。

2001（平成13）年の第77回大会は往路24・5％、復路27・5％。翌78回大会は往路27・5％、復路27・0％（いずれもビデオリサーチ調べ）。これだけの数字を叩き出す全国民注目のビッグ・イベントなので、日本じゅうの力のある高校生は、おのずと箱根駅伝に出場できる関東の大学を目指すようになる。もちろん、大学側も彼らを積極的にリクルートする。

となると、主催者側としてはどうしても規模を拡大せざるを得なくなる。伝統校だけがしのぎを削るのではなく、新興大学も参加しやすくすることで競争が激化し、ひいては日本陸上界の中長距離部門のレベルアップにもつながるという大義名分もあるからだ。

箱根駅伝は、このような事情もあって、２００３（平成15）年の第79回大会から、出場校を５校増やすことにした。しかし、ただ単に数だけ増やせばいいというわけにはいかず、それなりの手続きも踏まなければならない。

もっとも気を使ったのが警察への根回しである。全行程で公道を走る箱根駅伝は、交通を管理する警察の協力なくしては成り立たない。ましてや沿道の混雑、交通渋滞が必至のビッグ・イベントなので、警察の「本音」は「できればやってほしくない」なのだ。当時、関東学生陸上競技連盟の役員だった澤木啓祐が、代表して警察に意向を打診しに行く。そこで警察から出された提案が「多くの大学から選手が出られるようにしたらどうですか？」だった。

つまり、警察としてもいくら人気の国民的ビッグ・イベントだからといって、そのまま「ハイそうですか」と許可するわけにはいかない。それなりの「大義」が必要だった。箱根駅伝に興味のない一般市民にとっては迷惑以外のなにものでもない交通渋滞についての、それなりの理由が必要だったのである。

警察が澤木に示唆したアドバイスを嚙み砕いて説明すると「なるべく多くの大学の選手が参加するようになれば、選手育成の裾野も広がるし、一般市民への関心も広がる」との理屈が成り立つわけである。

そして考え出されたのが、シード校は前年の上位9校。残る11のうち10校は予選会から。あと1チームは、予選会に出場したが本戦に出られなかった大学からの成績優秀者を10人集めて、「関東学連選抜（のちに関東学連連合）」としてひとつのチームをつくるという案だった。

第78回大会までは、前年9位までの上位校と予選会をクリアした6校の合計15校（記念大会除く）だったが、79回大会からは、上位9校プラス予選会通過の10校、さらにプラス選抜チームなので、参加できる学校数だけを数えると9＋10＋（1×10）で最大29校になる。これで「あまねく広く」の大義は何とか立ったのである。

さて、ここで予選会がどのような仕組みで行われるのかについて簡単に説明しておこう。予選会のレースは本戦のような駅伝形式では行われない。ハーフマラソン（20・975㎞）のコースを1チーム10人から12人で走り（エントリーは14人まで）、各チーム上位10人の合計タイムが速かった順の上位10校が本戦への出場権を得る。参加資格は結構厳しく、10000mを34分以内で走ったトラック公認記録保持者であること。つまり1㎞を3分24秒以内で走れなければ、予選会にさえ出場できないのだ。

予選会をクリアするための戦術の最大ポイントは、12人のうち「脱落者」を2名以内に抑える走りである。結果的には、ペース管理に長(た)けている選手を軸に「集団走」をとるチームがほとんどで、なかには走力に合わせて2つ～3つの集団をつくる大学もある。そしてラスト5㎞

になったところで集団を意図的に崩し、各選手が全力で走り出す。最近は予選会もテレビで放映されるので、このあたりのレース運びを見るのも面白い。

ちなみに第79回大会で予選会を勝ち上がった10校のうち、新たに枠が広がった7位から10位までは、タイム順に拓殖大、國學院大、関東学院大、専修大の4校。その後、力をつけてくる青山学院大は17位、創価大は15位だった。

いまや箱根駅伝は、予選会でさえ注目度の高いレースになっていた。翌2003年の第80回記念大会の予選会の会場は、東京・立川から箱根町の芦ノ湖畔の特設コースで行われた。季節は秋。もちろん、箱根町の観光振興が目的だったことはいうまでもない。

選抜チームは、本戦に出られなかった各大学のランナーに箱根を走れるチャンスを与えるのが大義名分だが、強豪校以外の優秀ランナーが晴れ舞台を踏めるのは、大学にとっても名誉だった。のちに埼玉県庁と書かれたユニホームで多くのマラソン大会に出場して好成績を残した「公務員の市民ランナー」川内優輝(かわうちゆうき)(1)は、2007(平成19)年の第83回大会で、選抜チームの6区を区間6位で走っている。所属の学習院大としては唯一の箱根経験者になった。

いわゆる「伴走車」の復活もこの第79回大会からだった。1988(昭和63)年まで続いた

(1)川内優輝…埼玉県出身。2013(平成25)年の別府大分毎日マラソン、2018(平成30)年のボストンマラソンで優勝。現在はプロランナー。

陸上自衛隊第一師団による運転手付きジープの提供は、交通渋滞を引き起こすとの理由で、1989（昭和64）年の第65回大会からは中断されていた。

各校の監督は審判車や監察車に分乗して自校の選手をフォローしていたが、極端なブレーキ（減速）や棄権が目立つようになったため、新たに「運営管理車」の名目で、協賛の自動車メーカーから各校に1台ずつ提供されるようになったのである。

乗車できるのは、監督、主務（マネジャー）、走路管理員、審判の5人。主務は地点ごとの通過タイムを計測し、前後の状況、区間順位などの情報を収集して、監督に提供する役割を担う。その情報をもとに、監督は選手に声をかけるのである。川内優輝の物まねで人気になったアスリート芸人のM高史[2]は元駒澤大の主務。運営管理車では大八木弘明監督の横に座った経験を持っている。「一度、監督から『次はお前が声をかけろ！』と言われて『○○、いいぞ、その調子だ！』と言ったときのことは今でも忘れません」（「まるごと大学系スポーツメディア『4years.』」2018年12月30日より）と喜びを語っている。

ちなみに「声かけ」は1km、3km、5km、15km、残り3km、1km地点と決まっていて、時間は1分以内。最近では「男だろ！」で一躍有名になった駒澤大の大八木総監督のマイクパフォーマンス聞きたさに、あらかじめ決められた地点で待っている駅伝ファンも多いという。

さらに、2004（平成16）年の第80回大会から、もっとも活躍した選手に「金栗四三杯」

が贈られることになった。栄えある第1回目の受賞者は学連選抜チームの5区を任され、区間賞を獲得した筑波大の鐘ヶ江幸治（現・航空技術者）だった。

改革はひとまず成功した。参加校が増え、確実に大会自体の華やかさが増したのである。第79回大会のテレビ視聴率は、往路29・3％、復路31・5％。30％超えは、このときが初めてだった。

「山上りの5区」は、なぜ距離の変更をくり返した？

1992（平成4）年、スペインのバルセロナで開催された第25回夏季オリンピック男子マラソンで、日本の森下広一[3]が、1968（昭和43）年メキシコ五輪での君原健二[4]以来24年ぶりの銀メダルを獲得した。バルセロナ五輪では4位に中山竹通[5]、8位に谷口浩美[6]と日

(2)M高史…東京都出身。ものまねのレパートリーは川内優輝の他、平井堅、福山雅治、槇原敬之など。
(3)森下広一…鳥取県出身。県立八頭高校卒業後、旭化成に入社。マラソンのベストタイムは2時間8分53秒。現在はトヨタ自動車九州陸上競技部監督。
(4)君原健二…福岡県出身。東京、メキシコ、ミュンヘンのオリンピック3大会に出場。
(5)中山竹通…長野県出身。1980年代後半から1990年代前半にかけて、日本マラソン界をリードした。ソウル、バルセロナ五輪のマラソン日本代表。

本選手は好成績をおさめたが、1996（平成8）年のアトランタ五輪では最高が谷口の19位。さらに2000（平成12）年のシドニー五輪は川嶋伸次(7)の21位が日本人としての最高順位。マラソンはしだいに日本選手の手の届かない種目になっていくばかりだった。

このような日本陸上長距離界の現状を、箱根駅伝としても黙って見過ごすわけにはいかなかった。そもそも1920（大正9）年に金栗四三らが始めた箱根駅伝の究極の目的は「世界に通用する選手の育成」だった。けっして、正月のテレビで勇姿を見せることではなかったのである。

そこで、主催者はコースの距離の一部を変更することで、この大きな課題の解決へ向けての一助にしようと考えたのである。具体的には、往路の4区と5区の距離の変更。2005（平成17）年の第82回大会から、5区の距離をそれまでの20・9㎞から23・4㎞に延長し、その分、4区を21・0㎞から18・5㎞に短縮したのである。

実際には、これまで小田原市風祭にあった5区の中継所を2・5㎞東京方面に移した。目的は前述したように、影が薄くなりつつあった日本の長距離選手のなかから、マラソンで世界と勝負できる逸材を育てるためだった。

つまり、コースをより過酷な設定に変更することで、スピードを兼ね備えた持久力が高まると考えたのである。と、同時に短縮された4区は、持久力よりも逆にスピードがより重要視されるコースとの見立てで、これによってトラック種目の10000mや5000mのランナーの強化も果たそうという、いわば一石二鳥の狙いだった。

素人考えでは、わずか2㎞ちょっと長くなったり短くなったりするだけでそんなに違うのか、と思ってしまうが、実際にレースに参加する各校の指導者や選手にとって、これは箱根駅伝全体の戦術を大きく左右する「大事件」だった。

5区はもともと高低差が800m以上ある難所である。選手の力量の差が明確に結果に出てしまうコースなので、距離が延びると、強い選手と弱い選手のタイム差はこれまで以上に広がってしまう。2分前後の差が生じるのは当たり前で、総合で上位を狙う大学は、当然5区に山上りに強い選手を配置して、大差をつける戦術をとろうとする。そうなると、山上りで遅れをとった大学は、翌日の復路でいくら追い上げても、追いつけなくなってしまう。

上り坂23・5㎞は平地の30㎞に相当するといわれているので、普段の練習もマラソン(42・195㎞)レベルに切り替えなければならない。確かに日本全体のマラソン・ランナーの底上げには貢献できるかもしれないが、毎年必死の思いで練習し、コースの条件に相応しい選手を

(6)谷口浩美…宮崎県出身。日本体育大時代、箱根駅伝(第57回~59回大会)では3年連続6区で区間賞を獲得。バルセロナ、アトランタ五輪の日本代表。
(7)川嶋伸次…埼玉県出身。日本体育大時代、箱根駅伝(第64回、65回大会)では6区を走り、65回では区間賞を獲得した。

そろえることに腐心している各校からは、嘆きの声が上がったのは当然の反応だった。

実際、第82回大会から2013（平成25）年の第89回大会までの8大会のうち、7大会は5区の逆転で往路優勝が決まっている。第82回大会は今井正人（後述）の区間新記録を樹立した超人的な走りで、順天堂大が往路優勝を果たした。この大会、順天堂大は5区に襷が渡った時点で、トップの中央大との差は2分26秒の6位だった。翌第83回大会でも、同じく今井の順天堂大が、今度は往路だけではなく総合優勝ももぎ取っている。

第84回大会で5区をトップで走り抜け、往路優勝を果たしたのは、4区を6位で襷を受けとった早稲田大。そして、第85回大会から第88回大会までの4年間は、後述する柏原竜二の東洋大が往路4連覇。うち第85回大会は4区終了時点で9位、第86回大会は同じく7位、第87回大会が3位と、いずれも「5区での〝大〟逆転」だったのである。

逆転がなかったのは、柏原が4年生だったときの第88回大会ただ一度だけ。このときは4区までトップを走った東洋大が、5区で2位以下をさらに突き放している。この年、復路の東洋大は9区の田中貴章が区間6位と停滞したものの、往路の、もっと極端な言い方をすれば、誰の目にも明らかだったように、5区の柏原がたっぷり蓄えてくれた「貯金」が「財産」になった総合優勝だった。

こうなると、各校とも5区を最重点区間として強化せざるを得なくなる。実際、このような

「山上りこそ、箱根制覇の最良かつ合理的な戦術」であることは、5区が最長区間になる直前の第81回大会で、「山の神」今井によってすでに証明されていたのである。

ところで、この5区を最長区間にしてマラソン強化を目論んだ「改革」は、果たして成功したのだろうか。2016（平成28）年のリオデジャネイロ五輪のマラソンで16位だった佐々木悟(8)は第81回大会から83回大会まで大東文化大で5区を任されたが、いずれも順位は区間6位だった。「マラソン強化」の目論見は成功したとはけっしていえなかったのである。

2017（平成29）年の第93回大会から5区は20・8km、4区は20・9kmに再変更されている。変更の理由は「総合成績に対する5区の貢献度が大きすぎる」のと「4区の短縮でマラソンに順応できる選手の芽を摘み取っている」というものだった。

「山の神」今井正人、5区に降臨！

福島県の浜通り（太平洋岸の地域の総称）小高町出身で、県立原町高校3年のときのインターハイ5000mで5位（日本人2位）に入った今井正人は、順天堂大に進学した1年の箱根駅伝（2004〈平成16〉年、第80回大会）で、いきなり2区を任された。結果は20人中区間10位。

(8) 佐々木悟…秋田県出身。現在は亜細亜大陸上部コーチを務める。

1区で18位（学連選抜を除くと17位）と出遅れた順天堂大を12位に押し上げたが、さほど注目される選手ではなかった。

しかし、この2区でラスト3㎞の通称「戸塚の壁」で見せた走りが、一部の専門家に強烈な印象を与えることになった。2区は中盤過ぎの13㎞あたりから続く「権太坂(ごんたさか)(9)」が難所として有名だが、じつはラスト3㎞に立ちはだかる「戸塚の壁」のほうが厄介(やっかい)だとの声が多い。とくに疲労が極限に達しているラスト800ｍの上りは、まさに「心臓破り」なのである。今井が一部の専門家から「こいつは面白そうだ」と注目されたのは、このラスト3㎞をまるで平地を走るように力強くアスファルトを蹴り進んでいたからだった。

今井の人生が大きく変わったのは、この年の夏合宿。競技場に向かう上り坂を走っていると「後ろから澤木(さわき)（啓祐(けいすけ)）先生が車で追いかけてきて『おまえは、山だ！』と言ったんです」と、当時を思い起こす（『箱根駅伝１００年・襷の記憶』ベースボール・マガジン社より）。

翌２００５（平成17）年の第81回大会。2年生になった今井は予定通り5区を任された。15位で襷を受けとると次々と先行するランナーを追い抜いていき、気が付けば11人抜き。タイムは、前年学連選抜の一員として、この区間で9人抜きを演じた筑波大の鐘ヶ江幸治の記録を2分17秒も更新する1時間9分12秒の区間新記録だった。5区の距離がふたたび短縮された第93回大会以降でも、1時間9分台のタイムで走り切った選手は現れていない。

翌２００６（平成18）年の第82回大会。今井は小田原中継所でトップから2分26秒遅れの6位で襷を受けとると、先行する駒澤大、東海大、東洋大、中央大を次々と追い抜いていく。そして14㎞過ぎの「小涌園（こわきえん）」に差しかかったところで、先頭を行く山梨学院大の森本直人（もりもとなおと）を捉えると、さらに加速。19㎞付近で振り切ると、あとは独走状態。この年から2・5㎞長くなった5区を何の問題もなく走り抜けたのである。かつての「復路の順天」はいまや「往路の順天」、いや「山の順天」になり、17年ぶりの往路優勝に輝いたのだった。

このときから今井は、他校の選手から「あいつは山上りの神様」と密（ひそ）かに呼ばれるようになる。そして、２００７（平成19）年の第83回大会を前にしたメディアでのインタビューで、2年間5区で今井と戦ってきた日本体育大の北村聡（きたむらさとし）が次のように語ったのだった。「5区には（山の）神がいる。僕はその今井さんと勝負したい」と。このとき、初めて「山の神」の言葉が公（おおやけ）になった。

第83回大会。最終学年になった今井は主将になっていた。1区で14位と出遅れた順天堂大は、2区で12位、3区で9位と徐々に順位を上げていき、4区では佐藤秀和（さとうひでかず）が区間賞の走りを見せ、5位で今井に襷をつないだ。このとき、トップの東海大とのタイム差は4分9秒。しかし、み

（9）権太坂…横浜市保土ケ谷区にある旧東海道の坂の名称。箱根駅伝では旧東海道の権太坂は通らないが、付近の国道1号の坂を「権太坂」と称し、2区の難所として位置づけられている。

るみるうちに差が縮まっていく。終わってみれば、前年に自身がマークした1時間18分30秒の上をいく1時間18分5秒の区間新記録で、2年連続の往路優勝をもぎ取ったのである。

今井が往路のゴール・テープを切った瞬間、日本テレビでフィニッシュ地点の実況を担当していた河村亮アナウンサーは、次のように絶叫した。「いま、山の神、ここに降臨、その名は今井正人！」――。

5区での図抜けた走りを見せるランナーが「山の神」と称されるようになったのは、この第83回大会以降のことである。それ以前、たとえば今井が初めて5区を走った第81回大会を移動中継車から実況していた日本テレビの矢島学アナウンサーは「人間ブルドーザー」「山上りの貴公子誕生！」と表現していた。

今井がなぜ「山の神」たりえたかについて、法政大OBで現・駿河台大監督の徳本一善は「疲労物質がたまりにくい走り方をしている」と評し、順天堂大陸上部の監督（当時）の仲村明は「キック力が並外れている」と、特徴をあげている。

今井は卒業後、バルセロナ五輪マラソン銀メダリストの森下広一監督率いるトヨタ自動車九州に就職。翌２００８（平成20）年の1月に広島で行われた全日本都道府県対抗駅伝に福島チームのひとりとして参加した。

そのとき、襷をつないだのが、今井と同じ福島県出身で、いわき総合高校3年だった柏原竜二だった。彼こそ、2年後に今井の後を継ぐ「シン・山の神」だったのである。

「シン・山の神」柏原竜二の軌跡

99回を数える箱根駅伝史上でもっとも人口に膾炙したスター・ランナーは誰なのだろう。オールドファンであれば、早稲田大で中村清監督との師弟関係がクローズアップされた「走る修行僧」瀬古利彦を真っ先に思い浮かべるかもしれないが、瀬古はむしろ世界を目指すマラソン・ランナーとしての「スター」だったような気がする。

となると、最大のスターは、あの箱根の山道をひたすら走り続け、前を行く選手を次々と追い抜いていった印象が頭に焼き付いている、東洋大の柏原竜二ではないだろうか。

２００９（平成21）年の第85回大会。順天堂大の「山の神」今井正人が卒業して2年が経過していた箱根の山に、とんでもないルーキーが姿を現した。4区の小田原中継所。トップの早稲田大から遅れること4分58秒。9位で襷を受けとったのは、東洋大の柏原竜二。

福島県いわき市出身。いわき総合高校時代、国体、インターハイ、全国高校駅伝のいずれにも出場していない珍しいルーキーだった。わずか1年前の２００８（平成20）年の1月、広島で開かれた全国都道府県対抗男子駅伝（通称・ひろしま男子駅伝）で1区を走って区間賞を獲得したくらいが唯一といってもいい「実績」の1年生である。

柏原は襷を受けとると猛然とスピードを上げて走り始めた。最初の5㎞は14分台のハイペース。瞬く間に東海大、中央学院大、帝京大、日本体育大、明治大、山梨学院大を抜き去ってしまう。柏原のスピードは中盤を過ぎても一向に衰えない。19㎞を過ぎて、先頭を走っていた早稲田大を捉えると、そのままの勢いを保って芦ノ湖畔のゴールに飛びこんだのである。

それまでの常識では、5区での5分（4分58秒）は絶対に逆転不可能なタイム差だと誰もが思っていた。当然、この年2年連続で往路優勝を狙っていた早稲田大も、東洋大の1年生・柏原はノーマークだった。小田原中継所で襷を受けとった時点で4分58秒もの「貯金」があったので、往路優勝はまず間違いないだろうと思っていたはずだった。

ところが先頭でゴールのテープを切ったのは東洋大の無名のルーキー。早稲田大は21秒の差をつけられて2位に甘んじなければならなかったのである。

東洋大が初めて箱根駅伝に出場したのは、1933（昭和8）年の第14回大会。そのときから数えて67回目の挑戦で初めて獲得したタイトルだった。そして、この歴史的な出来事を成し遂げたのは、高校時代無名に近かった1年生なのである。東洋大は柏原の激走に刺激されたのか、復路でも早稲田大とのデッドヒートをくり広げる。

翌日の復路。6区早稲田大の加藤創大がふたたびトップを奪い返す。続く7区では東洋大の飛坂篤恭が区間賞を獲得する走りを見せたが、早稲田大もしぶとく踏ん張り、順位は変わらず。しかし、続く8区で東洋大の千葉優が区間2位の好走で再々逆転するとそのまま9区、10区も走り切り、早稲田大に41秒の差をつけ、初めての総合優勝も勝ちとってしまったのである。

一躍ヒーローになった「シン・山の神」柏原竜二は、これまでの箱根駅伝の走りを根底から覆してしまった。5㎞、10㎞といった地点ごとのタイムでペース配分を計測しながらの理論的かつ合理的な走りなどではなく、本人が「とにかく前に現れる選手を1人ひとり抜いていくだけでした」というような、きわめて単純な「攻撃性」が身上だったのである。

じつはこの柏原の「攻撃性」は、福島の無名の高校生をスカウトした佐藤尚コーチがある程度見抜いていた素質だった。高校3年生時、福島県内で行われた5000mの競技会に出場した柏原は、スタートから息切れをまったく意に介さない、無謀とさえ思える走りを見せていた。これを目のあたりにしたのが佐藤コーチ。「この積極性、行けるところまで行くんだという気持ちが、とても気に入った」と語っている（『箱根駅伝・世界に駆ける夢』読売新聞運動部編）。

この時代、世の中はバブルが崩壊したのちの、世にいう「失われた20年」[10]の真っただ中。人々の志向は、派手より地味、突出より安定、外連より常道と、堅実を求める世の中に変わりつつ

(10) 失われた20年…バブル崩壊後の1990年代初頭から、2010年代初頭までの20年間にわたる経済が低迷した時期を指す言葉。その後も経済は回復せず、「失われた30年」となる。

あった。

会社での仕事の進め方もデータを集め、戦略をきちんと構築し、それに沿って進める「報告」「連絡」「相談」が何よりも優先されるようになった。協調性やチームワークが尊ばれ、仕事ができる一匹狼は徐々に居場所がなくなりつつあるように、時代の空気は変わっていたのである。そんな「小ぢんまり」した世の中を突き破るかのような柏原の出現を、世間は大きな拍手をもって迎えたのだった。

翌2010（平成22）年の第86回大会での柏原のタイムは1時間17分8秒の区間新記録。東洋大は往路優勝とともに、総合優勝もさらっていった。次の第87回大会。「調子を崩していた」（『箱根駅伝100年・襷の記録』ベースボール・マガジン社より）柏原は、1時間17分53秒にタイムを落としたが、それでも区間賞。東洋大は総合優勝こそ早稲田大に譲ったが、往路優勝はきっちりものにしていた。そして、最終学年の第88回大会。復活した柏原のタイムは1時間16分39秒。見事な区間新記録だった。

柏原が東洋大に在籍した「箱根の4年間」の軌跡を書き出してみよう。「4年連続区間賞」「3度の区間新記録」「3度の金栗四三杯」。大学としては「4年連続往路優勝」「3度の総合優勝」。1年生で5区を走った直後から「通学のとき電車のなかで知らない人からひんぱんに声をかけられるようになった」柏原は、箱根が生み出したまぎれもないスター選手になっていたのだ。

前述したように、5区の距離が延びたことで箱根駅伝の戦術は変わらざるを得なくなったのだが、柏原の出現でそれが現実として目の前に提示されたのである。極端な話、往路の1～4区で下位に低迷していたとしても、山上りに適した人材がひとりいれば、一気に往路優勝どころか総合優勝も夢ではない。中堅の大学としては、5区のランナーしだいでシード権獲得が可能になったのである。要は5区にどのような選手をあてるのかが、最重要戦術課題になってしまったのだ。

このことは、2013（平成25）年の第89回大会で優勝した日本体育大の服部翔大（はっとりしょうた）[11]、2015（平成27）年の第91回大会で初優勝を飾った青山学院大の神野大地（かみのだいち）[12]が、はっきり物語っている。箱根の「花」の区間は、間違いなく2区ではなく5区に変わってしまったのだった。

「ごぼう抜き」が急増した理由とは

テレビで箱根駅伝を観るときの楽しみのひとつが「ごぼう抜き」である。ひとりの選手が次から次へと先行する選手を追い抜いていく。

(11)服部翔大…埼玉県出身。日本体育大卒業後は、日立物流を経て現在は立正大陸上部コーチ。
(12)神野大地…愛知県出身。青山学院大卒業後は、コニカミノルタを経て現在はプロランナー。

当然、実況しているアナウンサーも興奮気味に「もう止まらない！　これで9人、さあ、あと何人抜かすのか！」などと絶叫する。だから2区は目が離せない。1月2日、午前9時過ぎから10時過ぎまで、と時間的にもちょうどいい。だから2区はテレビの画面から目が離せない。ひょっとしたら、難所の権太坂でアクシデントがあるかもしれないと、少しは思っているので、なおさらである。

ごぼう抜きは21世紀に入った２００３（平成15）年の第79回大会から急に増えだした。それまでの11人以上のごぼう抜きは、１９７４（昭和49）年の第50回大会で東京農大の2区を走った服部誠（はっとりまこと）（5章で詳述）の12人抜きがひとり抜きん出て目立っていた。

ところが、第79回大会で順天堂大の中川拓郎（なかがわたくろう）が15人抜き、関東学院大の尾田賢典（おだよしのり）が12人抜きを演じると、以後の大会で徐々に増え始めてくる。２００８（平成20）年の第84回大会では日本大のギタウ・ダニエルが15人抜き、東海大の伊達秀晃（だてひであき）が13人抜きをやってのけた。

そして翌２００９（平成21）年の第85回大会では、信じられないごぼう抜きの「新記録」が誕生した。演じたのは前年15人抜きの「実績」を持つ、日本大のケニアからの留学生ダニエルだった。なんと20人抜きである。

第85回大会は、5年ごとの記念大会だったので参加したのは例年よりも多い23チーム。1区を終了した時点での日本大の順位は、下から2番目の22位だった。ダニエルの快進撃は、襷を渡されてからすぐに始まった。まずは21位の青山学院大をかわすと、そのままひたすら走り続け、最後には神奈川大を抜いて2位に躍り出て、3区の谷口恭悠に襷をつないだ。このダニエルの「貯金」のおかげで日本大の往路は8位。総合でも7位にとどまり、シード権をしっかり確保した。

しかし、脅威の20人抜きを成し遂げたダニエルは、2区で区間賞を獲得できなかった。2区を制したのは同じケニアからの留学生、山梨学院大のメクボ・ジョブ・モグスだった。タイムはダニエルの1時間7分4秒をちょうど1分上回る1時間6分4秒の区間新記録。超人的なごぼう抜きはけっして超人的なスピードとイコールではなかったのだ。

一見派手なごぼう抜きだが、実現するにはさまざまな条件が前提になる。もちろん個人の力量が第一条件なのだが、まず自分の前に追い抜けそうなランナーが数多く存在していなければならない。次に、追い抜くランナーたちとの時間差が広がっていないことが挙げられる。

前述したように第85回大会は記念大会で出場が23チームだった点で、最初の条件が満たされている。さらに、1区がまれにみる大混戦で、鶴見中継所でダニエルが22番目に襷を受けとったときのトップ早稲田大とのタイム差が1分46秒しかなかったことも、条件に合致していた。

データを細かく見てみると、派手な20人抜きを演じたダニエルは、前述したように区間新記録を樹立したモグスに1分も遅れを取っている。もし並走していたならば、モグスの驚異的なスピードがもっと称賛されていたはずだ。しかし、テレビ的には、この大会の2区のヒーローは断然ダニエルだったのである。

ダニエルはこのとき3年生。3区を走った1年生のときは4人、2区を走った2年生と4年生ではそれぞれ15人と11人を抜いているので、4年間でじつに50人を抜いた計算になる。さらに、出雲駅伝[13]で11人、全日本大学駅伝[14]で21人を抜いているので、4年間の合計は何と82人。まさに「ケニアのごぼう抜き男」といっても差し支えない働きを演じたのだった。

この第85回大会の2区でのごぼう抜きは、けっしてダニエルひとりだけではなかった。中央学院大の木原真佐人は11位から8人抜きで3位に、東京農大の外丸和輝は10人抜きで14位から4位に、駒澤大の宇賀地強も19位から11人抜きで8位にと、それぞれ順位を押し上げている。

ごぼう抜きは第85回大会以降も、以前にも増して高い確率で出現するようになる。2011（平成23）年の第87回大会では、やはり2区で、東海大の村澤明伸（現・SGホールディングス）が、20位から3位に躍進する17人抜きを演じ、さらに明治大の鎧坂哲哉（現・旭化成）も11人抜き。珍しく3区で山梨学院大のオンデイバ・コスマスが11人抜きしている。

なぜ、ごぼう抜きが出現する頻度が上がったのだろうか。さまざまな要因が考えられるが、箱根駅伝に出場する各大学のレベルが底上げされ、競争自体が拮抗してきたことが考えられる。とくに、翌年のシード権を獲得できるかどうかが決まる10位前後の争いが苛烈を極めてきたのが引き金になっているようなのだ。

熾烈なシード権争いが「コースアウト」を生んだ

箱根駅伝をテレビ観戦しているお茶の間のファンの関心事は、優勝争いとともに、どの大学が来年のシード権を獲得できるのか、つまり10位以内に残れるのか、なのではないだろうか。

10位以内に入れば翌年の箱根駅伝に無条件で出場できるが、11位以下になってしまうと自動的に予選会に出場しなければならない。惜しくも11位になった「紙一重」の大学であれば、予選会の基準である10位以内に入るのはそう難しくはないと思われるが、ことはそれほど単純ではない。

予選会は毎年10月中旬に行われる。第100回大会の予選会は2023（令和5）年10月14日（土曜日）、東京・立川市の陸上自衛隊立川駐屯地をスタート、立川市街を経て、国営昭和

(13)出雲駅伝…正式名称は「出雲全日本大学選抜駅伝競走」。1989（平成元）年から毎年10月の体育の日（現・スポーツの日）に島根県出雲市で開催。6区間45・1㎞、出場は21チーム。主催は日本学生陸上競技連盟。

(14)全日本大学駅伝…正式名称は「秩父宮賜杯 全日本大学駅伝対校選手権大会」。1970（昭和45）年に第1回を開催。第20回大会以降、毎年11月第1日曜日に固定されて行われる。主催は日本学生陸上競技連盟と朝日新聞、テレビ朝日他。コースは名古屋市の熱田神宮から三重県の伊勢神宮までの8区間106・8㎞。出場は27チーム。

記念公園をゴールとするハーフマラソン・コースが会場になる。

一般的に各大学の予選会へ向けての準備は8月ごろからスタートする。２か月ほど前の6月には全日本大学駅伝の予選会が行われる。２か月後の10月には出雲駅伝、11月には全日本大学駅伝の本戦が待っている。

箱根駅伝の予選会に出場する大学や選手は、すべての駅伝やその予選会に出場するわけではないものの、競技スケジュールはかなりタイトだ。そもそも、10月14日から1月までは２か月半。直接本戦に出場できる上位10校とは、事前の準備とそれにともなうコンディション調整の面で大きな差がついてしまうのである。

さらに、10位以内に入れば、テレビに映る頻度も11位以下にくらべると高いので、大学としては宣伝効果の面でもハンディを背負うことになる。ゆえに、シード権争いは、大げさにいえば死活問題。どうしても熾烈にならざるを得ないのだ。

競争が激しくなったのは、ひと言でいえば各校の実力差が拮抗し始めたからだ。試しに過去の大会で1位チームと最下位チームの総合タイム差がどのくらい開いていたかを調べてみた。

4校だけでスタートした第1回大会は、1位の東京高師と4位の慶應義塾大との差は1時間45分40秒。戦前の１９３７（昭和12）年の第18回大会は、1位日本大と14位拓殖大の差は２時間24分50秒。東京オリンピックが行われた１９６４（昭和39）年、第40回大会での1位中央大と15位の横浜市立大の差は1時間30分40秒。

半世紀前の1974（昭和49）年の第50回大会は、1位日本大と20位神奈川大の差は1時間58分57秒も開いていたのに、2004（平成16）年の第80回大会での1位駒澤大と19位城西大との差が34分24秒。そして2009（平成21）年の第85回大会では、1位東洋大と22位の青山学院大の差はわずか9分46秒にまで縮まっているのである。

10位以内に残れるか、それとも11位以下で予選会に回るのか、それこそ翌年の運命を決めるシード権争いは、だから1分1秒を争う戦いが展開される。それも、8～10区。場合によってはゴール間近まで展開されるようになったのである。

このような時代背景のなかで、とんでもないハプニングが発生した。2011（平成23）年の第87回大会の最終10区で起きた選手のコースアウト。箱根駅伝ファンが「寺田事件」と呼ぶ出来事である。

「主役」は國學院大の1年生・寺田夏生（てらだなつき）。「準主役」は城西大。「脇役」は日本体育大、青山学院大、山梨学院大、帝京大という計5校。10区の襷を受けた順位は、8位・城西大、9位・帝京大、10位・青山学院大、11位・國學院大、12位・日本体育大、13位・山梨学院大。この6校の差は1分10秒。23・0㎞の10区では十分逆転の可能性を残しているタイム差だ。

順位は目まぐるしく変化したが、帝京大と城西大が最初に脱落。さらに山梨学院大も遅れる。

レースはすでに終盤。もう大手町のゴールは目の前に迫っている。國學院大の寺田は前を行く青山学院大と日本体育大も抜き去った。「もうシードはもらった」と思ったその矢先に「事件」は発生したのである。

寺田は前を走るテレビ中継車が曲がった通り、何の疑いもなくその後を追って右折した。ゴールまであとわずか120mの地点。しかし様子が少しおかしい。次の瞬間、気が付いた。道を間違えたのだ、と。

文字通り、ダッシュでコースに戻る。すぐ前には、いままで自分のすぐ後ろにいたはずの城西大・甲岡昌吾（こうおかしょうご）が走っている。「とにかく、こいつを抜くだけだ！」と寺田。そして抜いた。10位。ゴールに飛びこんだとき、城西大との差はわずか3秒だった。

その瞬間、寺田が発した言葉は「危ねえ、危ねえ」。最後の最後までシード権を争い、薄氷（はくひょう）を踏みながらわずか3秒の差で溺（おぼ）れずに生き残った國學院大の、これが初のシード権獲得のシーンだった。

厳しいシード権争いは第88回大会以降も展開された。テレビ桟敷（さじき）のファンにとっては、まるでプロ野球のクライマックス・シリーズ出場をかける3位争いのような、手に汗を握るシーンが目の前で展開されるようになったのである。箱根駅伝は優勝争いとは別の、もうひとつの「勝負」も見せ場として確立されたのだ。言葉は悪いが「一粒で二度おいしい」大会になってきたのである。

学連選抜チーム大善戦の舞台裏とは

時代を少し前に巻き戻してみる。２００８（平成20）年の第84回大会。駒澤大が3年ぶりに総合を制し、その陰で史上初めて東海大（10区）、大東文化大（９区）、順天堂大（５区）の３校が途中で棄権した大会だった。

しかし、この年、もっとも注目されてしかるべきだったのは「関東学連選抜」チームが4位の成績を残した「予期せぬ」出来事である。総合タイムは11時間12分25秒。優勝した駒澤大との差は7分25秒。３位の中央学院大との差は1分20秒しかなかった。

学連選抜チームが箱根を走るようになったのは、前述したように２００３（平成15）年の第79回大会からである。「多くの大学に散在している優秀なランナーにぜひ箱根を走ってほしい」との門戸拡大が大義名分だった。しかし、順位は残すことができず、タイムもあくまで「参考」扱い。この第79回大会は、専修大、関東学院大、亜細亜大、法政大の4校よりも先に大手町に戻ってきたので、実質的には20チーム中16位だった。

翌２００４（平成16）年の第80回大会は、５区で区間賞に輝き、創設されたばかりの金栗四三杯の第1回目の受賞者となった筑波大の鐘ヶ江幸治の激走もあって、20チーム中6位と大健闘。しかし、翌第81回大会は実質18位、第82回大会も19位、翌第83回大会からは「参考」ではなくタイムも順位も正式に記録に残されるようになったが、逆に最下位。

どう考えても、予選会で目立った走りを見せた弱小大学の「エース」を「箱根で走らせてやろう」という、取ってつけたような「親心」だけは立派なのだが、現実は、言葉は悪いが「味噌っ滓（かす）」的な存在だったのである。

2007（平成19）年10月に行われた箱根駅伝予選会で、〝次点〟の11位で惜しくも本戦に出場できなかったのは青山学院大だった。監督は原晋（はらすすむ）。2004年4月に、後述する偶然とも思える縁でチームを預かってから3年が経過していた。

一般的に選抜チームの監督は割に合わない仕事と見られていた。選手は寄せ集めなので、気心も知れていない。本来であれば、先発メンバー10人の5000mのタイムを単純に合計すれば十分に上位に食いこめるはずなのだが、現実はそうはならない。

指名された監督は、やはり自分の大学を優先する。片手間なのだから、選抜チームは誰にも期待されていないし、選手のモチベーションも「思い出づくり」の域を脱していないのが通例だった。

だが、原は逆にこれを千載一遇（せんざいいちぐう）のチャンスと捉えたのである。「預かったからには、きちんと結果を出そう」と決めた原の行動は、学連選抜チームが初めて一堂に会したときから早くも発揮された。

例年、「初顔合わせ」は選手、スタッフの自己紹介、ジャージの採寸、『陸上競技マガジン』の写真撮影のみで、早々に終わるはずだったのが、長時間ミーティングを始めてしまったのである。ミーティングで原は、

「君たちはどういう思いで箱根駅伝をとらえているのか。お祭りだから大学時代に記念として出られればいいのか。それとも出るからには優勝を狙うのか。或(ある)いは3位に入りたいのか。それをまず話し合い、チームとしての意志を聞かせてくれ」

と問いかけた（原晋著『逆転のメソッド』祥伝社新書より）。

原はグループをふたつに分け、それぞれに目標を設定させた。話し合いは2時間以上続いた。すると選手からは「シード権獲得」「3位以内」など勇(いさ)ましい言葉が出てきた。そこで原も気持ちが定まった。「だったら私も本気で取り組む」と宣言したのである。

合宿は2度行った。2度目の千葉・富津(ふっつ)市では、この寄せ集め集団のチーム名を決めた。「JKH SMART」。ジャパン・カントリー・ハコネのあとは各大学名の頭文字。メディアで使われているMARCH[15]と同じ発想である。選抜チームの士気が徐々に上がり始める。メンバーからは「12月24日のクリスマスイブの日にもう1回合宿をやりたい」との申し出があった。

さて、２００８（平成20）年の第84回大会。関東学連選抜チームは、１区の山口翔太（國學院大）が区間８位とまずまずの滑り出しを見せる。４区の拓殖大・久野雅浩が区間２位の好走を見せると、続く５区の上武大・福山真魚が５人抜きで、区間３位のタイムをマークし、往路を４位で終える。

復路の６区では平成国際大の佐藤雄治が区間２位。この時点で早稲田大、駒澤大に次ぐ３位に躍進した。８区の井村光孝（関東学院大）も区間２位。９区は、当時大学陸上界ではまったくといっていいほど知られていなかった立教大の中村嘉孝が何とか粘って区間９位と大善戦。最後は原の愛弟子の青山学院大・横田竜一が４位で大手町のゴールに飛びこんだ。

このとき、原は「選手がやる気になっただけ。私は手助けしたに過ぎない」という言葉で締めくくっている。原は駅伝がじつはチームスポーツであることを証明した。大切なのは、目標を設定し、それに向かっていく情熱と連帯であることも。

この翌年の第85回大会。原率いる青山学院大は前年10月の予選会を突破して33年ぶりの箱根駅伝出場を決めた。城西大が棄権したので、結果的には23チーム中最下位の22位と散々な結果だったが、高校生のあいだでは「青山が強くなりそうだ」との噂が静かに流れ始めていた。

(15)ＭＡＲＣＨ（マーチ）…明治、青山学院、立教、中央、法政の各大学の頭文字をとった、東京を本拠地とする早稲田、慶應義塾、上智に次いでブランド力があるとされる大学の総称。

レース中の給水には、どんなルールがある？

給水が始まったのは意外と最近で、1997（平成9）年の第73回大会から。それまでは「助力行為」にあたるとして認められていなかったが、前年の第72回大会で山梨学院大と神奈川大の二強が棄権したことで、選手の安全面に配慮して導入された。ただし、マラソンのような「スペシャル・ドリンク」は禁止。主催者側が用意した水かスポーツドリンクに限られている。

給水員は各校のメンバーに選ばれなかった部員が担当することが多い。給水員はビブス（ヨダレかけを意味する英語、ベスト状の上着）を着用しなければならない。ちなみに1区は密集のため、6区は下り坂でスピードが出すぎているので給水はなし。給水ポイントも決められていて10㎞と15㎞地点付近（9区は10㎞と14・9㎞地点、5区は7・1㎞と15・8㎞地点）。手渡す給水員が選手と並走できる距離も、50ｍ未満と決められている。

マネジャー（主務）は監督の片腕

マネジャーというと、どうしても部員たちの世話をかいがいしく焼く様子をイメージするかもしれないが、大学駅伝では、実際に任される仕事の内容はまったく違う。

たとえていうなら「監督の代理」のような役目も引き受けなければならない。OBとの交渉、大学当局との連絡といった総務的な仕事から、メディア取材への対応など広報的な役割も果たさなければならない。もちろん、選手個々人のタイムを記録し、コンディションの管理にも気を配る。

箱根駅伝の当日は、1区を走る選手が起床する午前2時半前後よりも早く起きて、さまざまな準備を整える。そして、運営管理車に監督とともに乗りこみ、他の部員と連絡を取り合いながら、現在自分たちのチームが置かれた状況を逐一監督に伝える大切な仕事もある。

マネジャーは選手からの転向が多く、監督から宣告を受けたときは確かに辛いが、有能なマネジャーは選手以上にチームに活力を与えることもある。青山学院大監督の原晋は著書（『逆転のメソッド』祥伝社新書）のなかで、

「マネジャーは選手と対等で、下でもないし、召使でもない。優秀なマネジャーはキャプテンともどもチームを支える大黒柱の一本である」

と、その存在の重要性を力説している。

選手のリクルートは、どのように行われている？

昭和の時代には、高校からだけでなく、実業団からもスカウトするケースがあった。最近は少なくなったが、それでも、1994（平成6）年の第70回大会で山梨学院大の3区を走った中村祐二は、実業団経由の大学1年生で、このとき23歳。選手時代に2区と5区の区間賞を獲得している駒澤大の大八木弘明総監督も実業団経由である。

一般的に、「強いチームをつくる第一歩」は強い選手集めである。陸上競技専門誌などには5000mのタイムランキングが定期的に掲載されるので、まずはそのなかから候補者をリストアップする。さらにOB、高校の監督との関係、独自のネットワークなどの情報を駆使して、候補選手を絞りこむ。

その後、自校のスポーツ推薦枠、学費免除の条件などを提示し、家族の了解を取りつける。その際、世間に名の通った大学の「ブランド力」は強みになるが、青山学院大の原晋監督は、「校風に相応しい人物、高校も、重要な要素にしている」という。

どの大学もスポーツ推薦枠は持っているが、原は候補者と直接面談し、「ウチは勉学も大変」とはっきりいうことにしているそうだ。その結果として、大学のカラーに合致した選手が入部し、結果的にはチームワークの優れた集団になるという理屈である。

8章——原晋率いる青山学院大の躍進

◉2015年（第91回）～2023年（第99回）

33年ぶりの箱根出場から圧巻の初優勝へ

青山学院大が1976（昭和51）年の第52回大会で途中棄権して以来、33年ぶりに箱根に戻ってきたのは、2009（平成21）年の第85回大会である。このときの順位は23校中22位。といっても城西大が途中で棄権しているので、実質的には最下位だった。

しかし、青山学院大は、たまたま久しぶりに箱根駅伝に出場した「新参校」ではなかった。なかなか侮（あなど）れない存在だと思わせたのはその後の順位である。翌2010（平成22）年の第86回大会は8位、以後9位、5位、8位、5位と5年連続でしっかりとシード権を確保する。

それでも、青山学院大はけっして強豪校ではなかった。高校時代のトップクラスの選手を集めていたわけではないし、派手なスター選手がいたわけでもない。5年間で区間賞を獲得したのは２０１２（平成24）年の第88回大会の２区・出岐雄大と翌89回大会で８区を任された高橋宗司のふたりしかいない。

２０１４（平成26）年11月に出版された『箱根駅伝・襷をつなぐドラマ』（角川oneテーマ21）という箱根駅伝の舞台裏をわかりやすく書いた新書がある。著者は１９９６（平成８）年の第72回大会で東京農大の10区を走った酒井政人。

卒業後はスポーツライターとして箱根駅伝をウォッチしてきた酒井は、翌２０１５（平成27）年の第91回大会の優勝争いを「６強（駒澤大、東洋大、早稲田大、明治大、青山学院大、山梨学院大）の混戦か」と予想している。そのなかでも、トップ３はやはり前回１位の東洋大と２位の駒澤大、そして４位だった早稲田大の可能性が高いと見ている。数年前から続いている駒澤・東洋の「２強時代」は、揺るぎがないとの見立てで、青山学院大は５番目か６番目のダークホース的存在だったのである。

しかし、いざ蓋を開けてみると、この予測通りにはならなかった。往路は確かに酒井が予測した通りの展開になった。スタートの１区。トップで襷を２区に渡したのは駒澤大。東洋大は12秒差で４位。ところが早稲田大は42秒差の11位と大きく出遅れた。このときの２位は青山学院大の久保田和真。先頭の駒澤大との差はわずか１秒だった。ちなみに３位は明治大。５位は中央学院大。

次の2区はエース級が激突する。下馬評（げばひょう）通り、この大会のスター選手、東洋大の服部勇馬（はっとりゆうま）[1]が区間賞を獲得する走りで首位を奪回。3区はふたたび駒澤大が先頭を奪い返す。2位は明治大。青山学院大はしぶとく食らいつき3位。東洋大は4位と順位を下げる。

4区も駒澤大の1年生工藤有生（くどうなおき）が区間新記録をマークしてトップを維持したが、青山学院大の同じく1年生・田村和希（たむらかずき）が工藤よりも3秒速い54分28秒で、これも区間新記録。ピタリと2位に付けたのだった。

圧巻の走りを見せたのが次の5区。青山学院大の神野大地（かみのだいち）だった。小田原中継所で襷を受けとった時点では46秒の差をつけられていた、先頭を行く駒澤大の馬場翔大（ばばしょうた）を10・5km付近で捉えると、11km手前で、待ってましたとばかりにスピードを上げ、駒澤大との差を広げたのである。終わってみれば、往路優勝は青山学院大。2位明治大との差は4分59秒にまで開いていた。

この年から函嶺洞門（かんれいどうもん）が通行禁止になり、5区の距離は200m短くなったとはいえ、神野の叩き出した1時間16分15秒は、2012（平成24）年の第88回大会で東洋大の「シン・山の神」柏原竜二（かしわばらりゅうじ）がつくった5区の区間記録を24秒上回る好タイムだった。

この大会、青山学院大の往路タイムは5時間23分58秒。これはコース変更前の第88回大会で東洋大が記録した5時間24分45秒を47秒上回っていた。

往路を制した青山学院大は復路も盤石だった。7区・小椋裕介（おぐらゆうすけ）、8区・高橋宗司、9区・藤（ふじ）

川拓也の3人が連続区間賞。区間賞こそ逃したものの、6区・村井駿、10区・安藤悠哉も区間2位。完全な〝一人旅〟状態で、ゴールの大手町に飛びこんだときには、2位の駒澤大に10分50秒もの差をつける「横綱相撲」。初めての優勝は往路、復路をともに制する完全優勝のおまけつきだった。

２００９（平成21）年の第85回大会に33年ぶりに復帰して最下位に終わった青山学院大は、なぜそれから6年後に初優勝を「完全」で飾れたのか。それは監督・原晋の人生を覗いてみることで、納得がいくのである。

退路を断って飛びこんだ大学駅伝の世界

２０１５（平成27）年の第91回大会から、２０１８（平成30）年の第94回大会まで4連覇を達成し、瞬く間に青山学院大一強時代を築いた監督の原晋は、選手として箱根を一度も走ったことがない。

大学時代の実績は１９８７（昭和62）年に、日本インカレの５０００ｍで3位に入ったのが

（1）服部勇馬…新潟県出身。東洋大卒業後、トヨタ自動車に入社。２０２１（令和３）年の東京オリンピックの男子マラソンで73位。

もっとも輝かしいものだ。出身高校は全国高校駅伝で最多11回の優勝を誇る広島の名門、県立世羅（せら）高校で、１９８４（昭和59）年にはキャプテンとして全国高校駅伝で準優勝に輝いている。

しかし、大学では「2年までは酒を飲み、パチンコに興じ、女子学生との合同コンパを楽しんだ」（原晋著『逆転のメソッド』祥伝社新書より）ごく普通の学生で「卒業したら広島に帰って体育の教師にでもなろうかと漠然（ばくぜん）と考えていた」そうである。

ところが大学4年の初夏、教員免許を取るために母校の世羅高での教育実習を行っていたところ、先輩教師から「中国電力が来年4月に陸上部を創部するそうだ。おまえ、行くか？」と打診されたのである。中国電力は、地元広島では三本の指に入るブランド力抜群の超優良エリート企業。「はい」と二つ返事で承諾し、スタートしたばかりの中国電力陸上競技部の一期生になったのである。

始まったばかりの陸上部はそれなりに楽しく、やりがいもあったが、人生何が災いするかわからない。入社1年目の秋、階段を踏み外して右足首をねんざしてしまう。「すぐに治るだろう」と軽く考えていたが、これが思いのほか重傷だった。スポーツで入社したのに肝心のスポーツができなくなってしまったのである。原は結局、陸上部を退部する。

電力会社はどこも旧態依然とした体系になっていて、中国電力も典型的なピラミッド型の構造だった。上から本店、支店、営業所と縦（たて）のヒエラルキーで、営業所の下にはサービスセンターがくっついている。原はその一番下のサービスセンターに配属され、メーターの検針から集金、新商品の売りこみまですべてを担当するようになった。そして、原はこの一番下の「現場」で、結果を出していくのだった。

原の著書には「メソッド」という言葉がひんぱんに登場する。直訳すれば「方法」「やり方」だが、肝心なのは、目的を達成するための前提をきちんと把握しておくこと。営業マン原が考えた「営業のメソッド」は、煎じ詰めれば要点はふたつ。ひとつは売る商品の特性をきちんと理解すること。2つ目はエンドユーザーの置かれた状況が、その商品によって改善されること、である。

のちに青山学院大の監督に就任した原が真っ先に考えた再建策の基本は、この営業マン時代に自ら考え出した「メソッド」が色濃く反映されている。

原はその後、中国電力が行う新規ベンチャー・ビジネスに志願して参画。わずか5人の新会社の営業企画部課長に就任する。パンフレットの作成、パートの採用など、総務はもちろん販売促進、人事、広報の仕事も手がけるようになる。そして、そのひとつ、広報の仕事の縁で監督への道が拓けていくのだから、人生何が幸いするかわからない。

ベンチャー企業が売る商品は持ち家の価値を高める「保証」だった。社名は「ハウスプラス中国」。組む相手はマンション・デベロッパー。ラジオコマーシャルを流すのは、地元広島カープの試合を放送するRCC中国放送。CMのナレーションは「安心住宅のハウスプラス中国。みんなで安心マンションを買おう」で始まり、その後に「今日の提供は○○マンション。○○では全戸住宅性能評価付き安心マンションをお届けします」と続くのである。

このコマーシャルをきっかけに親しくなったのがRCC中国放送の営業担当で、世羅高校陸上部の2年後輩だった瀬戸昇氏だった。

時折、酒を酌み交わしながら「陸上界って古いよね」と意気投合していたところに、瀬戸氏から「俺のところに大学から陸上部を強くしたいので、監督に来てくれないかという話が来ている」と打ち明けられる。青山学院大OBの瀬戸氏はRCCを辞める気は毛頭ない。ということで「先輩、やってみませんか」と振られた原は「ぜひやりたい」と即答したのである。2003（平成15）年、監督就任1年前の出来事だった。

もちろん、家族は大反対。家を購入したばかりのうえ、地元の超優良企業を辞めて、新しい職に就くために上京するのだから当然である。

しかし、原は不完全燃焼で終わろうとしている自分の陸上競技人生が、心の底にモヤモヤと引っかかっていたのだ。そして、原は新しい世界に思い切って飛びこむ。青山学院大側の条件は①嘱託職員として任用、②任用期間は3年、③現在の収入を保証――の3つ。原からは①（中国電力を）退職して監督に就任する、②3年で結果を出したら身分を保証してほしい、

③出せなければその必要はない――つまり、退路を自ら断って、家族と一緒に青山学院大陸上競技部の寮がある東京・町田市への移住を決めたのだった。2004(平成16)年4月、青山学院大が33年ぶりに箱根に戻ってくる5年前のことだった。

「戦えるチーム」をつくりあげる手腕とは

2004年4月、東京・町田市の青山学院大陸上部競技部の寮に夫婦で住みこむことになった原の「初仕事」は、部員たちに規則正しい生活を身に付けさせることだった。

この当時の陸上部は大学のサークル状態。練習が終了すると飲み会に行き、嘔吐(おうと)して寮のトイレを詰まらせる者もいれば、練習の集合時間に遅れても恬(てん)として恥じない者もいた。

このような状態を「戦えるチーム」にするために「3年かかった」と原はいう。多くの人が抱く青山学院大のイメージは「自由で自主性を重んじる」都会的な校風である。ところがこの校風をはき違えている〝チャラい〟部員も存在して、まずはその心根(こころね)を根本的に矯正(きょうせい)することから始めなければならなかったのである。

たとえていうなら、原が営業マン時代に培(つちか)った「まずは自分の売る商品の特性を知る」のと同様、「この部の(現在の)特性」を把握(はあく)し、「あるべき姿」にもっていくためにはどうしたらいいかについて、「土台」づくりから始めなければならないと痛感したのだ。「土壌をきちんと耕(たがや)して良くしなければ、いくら良質な苗を植えても実りは期待できない」というのである。

原は成功者にしては珍しく、自身の失敗談をあまり隠さない。大学との約束だった結果を出すまでの3年の最後の年。「無意識のプレッシャーがあったのだと思う」という原は、記録的に優(すぐ)れた高校生を入部させた。素行が良くないとの評判はあったが、原自身がきちんと面談もしたうえでのリクルートだった。

だが、結果は散々だった。原が設定したルールはことごとく破られ、学業との両立もおろそかにする。そして、記録的に優れている新入部員3人は夏までに退部したのだった。「3年目の結果を是が非でも出したかった」焦りが、結局は裏目に出てしまったのである。部の雰囲気は暗く沈み、OBからの批判も湧(わ)き起こる。原は窮地(きゅうち)に立たされた。

しかし、そんな原を救ってくれたのは、原と一緒に青山学院大に入った4年生たちだった。「最後の学年を原監督と一緒にやりたいんです」――。原の「土台づくり」に費やした時間はけっして無駄ではなかったのである。

首の皮一枚でつながった原の就任4年目。2008(平成20)年の第84回大会の予選会に出場した青山学院大は残念ながら11位となり、本戦出場一歩手前で涙を呑んだ。しかし、この年、予選会で次点になった大学の監督が采配を振るう慣例により、原は関東学連選抜チームを任されたのである。結果は前述したように総合4位。前代未聞の「珍事」を起こしたのだった。

翌２００９（平成21）年の第85回大会。青山学院大は33年ぶりの箱根駅伝出場を果たした。結果は最下位の22位だったが、10区を走ったアンカーの宇野純也は堂々と笑顔でゴールに飛びこんだ。悔しさよりも箱根を走れた満足感のほうが上回ったのである。翌第86回大会で8位とシード権を獲得すると、以降は9位、5位、8位、5位といずれもシード権を確保したのは前述した通りだ。

そして、初優勝の２０１５（平成27）年の第91回大会を迎えるのである。確かにこの大会は5区を走った神野大地がヒーローだった。しかし、青山学院大の強さはひとりの突出したスター選手によるものではない。その証拠に、翌２０１６（平成28）年の第92回大会も連覇。神野が卒業した翌年の第93回大会も、前年同様、往路、復路を制する完全優勝。２０１８（平成30）年の第94回大会も、往路こそ東洋大に次ぐ2位だったが、総合をきちんと制して史上6校目の4連覇を達成したのである。

原が監督に就任したとき、「規則正しい生活」とともに、もうひとつ部員に課したテーマが「目標の設定と、それに向けて日々やるべきこと」を選手自身に計画させることだった。自分がどのようなプロセスを経て、力をつけていくかを選手自らに考えさせるためだった。「私はレールを敷いて方向を示す。そしてレールに乗った部員たちの背中を少しだけ押してあげる。後はひとりでに走っていきます」と原はいう。

要は選手自身に自主性を持ってもらう。やらされるのではなく、自らやる。このような原の「メソッド」が花開いたのだった。普段からきちんとした生活を送る基本、選手が目指す目標とそのためにやるべきことの具体化、プラス自分たちは箱根で100％燃焼しつくすのだという情熱が、青山学院一強時代をつくり出したのである。

そして、その「メソッド」は原の営業マンとしての経験が十二分に生かされていたのである。〝回り道〟はけっして無駄ではなかった、いや、むしろ監督業にとってはかけがえのない経験だったのである。

監督がいちいち指示しなくても選手は自らを律して動く。「私が仕事で練習を空けたとしても、選手はしっかり高いレベルの練習をこなしていますから」と原。メジャーリーグのロサンゼルス・エンゼルスで驚異的な活躍を見せている大谷翔平(おおたにしょうへい)選手とどこか似ている「自由だけれども自分には厳しい」〝真の〟アスリート気質が、青山学院大の選手からは感じられるのである。

原は、大学陸上部の一監督の域を超えたゼネラルマネジャー、いや大学駅伝界という狭い「業界」の常識を覆(くつがえ)し、見事に結果を出して見せた「教育者」であり、「改革者」であり、「総合プロデューサー」でもあったのだ。だから、青山学院大はおいそれとトップの座から転落しないのである。

厚底シューズによる「超高速化時代」の到来

2017（平成29）年の夏、スポーツシューズ・メーカーのナイキが「ズームヴェイパーフライ4％」と称するランニングシューズの新製品を発売した。色は水色×オレンジ。ひと目見ただけで、かかとの部分が分厚くできているのがわかるので、人は自然と「厚底シューズ」と呼ぶようになる。

このシューズを履けば、長距離走が格段に速く走れるとのふれこみだったので、箱根駅伝出場を目指している各大学の選手や指導者も一斉に注目するようになった。しかしまだ、発売されたばかり。どんな特徴があるのか、肝心の実績はどうなのかなど、疑心暗鬼の部分もあったのである。

厚底シューズの「凄さ」が明らかになったのは、翌2018（平成30）年2月に行われた東京マラソンだった。このシューズを履いて優勝した設楽悠太(2)のタイムが2時間6分11秒の日本新記録（当時）だったからである。

(2)設楽悠太…埼玉県出身。第88回大会7区、第89、90回大会3区区間賞。東洋大卒業後は本田技研工業に入社。現在は西日本鉄道に所属。

同じ年の9月にドイツで行われたベルリン・マラソンでは、同じくこのシューズを履いたケニアのエリウド・キプチョゲ[3]が2時間1分39秒の世界新記録を打ち立て、10月のシカゴ・マラソンでも大迫傑（おおさこすぐる）[4]が2時間5分50秒の日本新記録（当時）を出している。

こうなると、この〝魔法のピンクのシューズ〟が翌2019（平成31）年の第95回大会に影響を及ぼさないわけがない。この大会は、青山学院大の5連覇を阻止した東海大の初の総合優勝で幕を閉じたが、専門家たちの話題は専ら（もっぱら）厚底シューズで持ちきりだった。ナイキの厚底シューズを履いて箱根を走った選手は10区23校230人のうち41%にあたる95人。ちなみに発売直後の前年の第94回大会は40人。倍以上の伸びを示している。

なぜこの「ナイキの厚底」が〝魔法の靴〟と称されるのだろうか。ランニング・コーチの細野史晃（ほそのふみあき）氏は「この靴はランナーに理想的なフォームを作ってくれるから」（『REAL SPORTS』2020年1月2日）という。

速く走るためには自らのパワーを斜め上方に放出するように足のバネを使う。厚底シューズは、この「斜め上方」へのエネルギーを自然と方向付けしてくれるのである。かかとの部分が厚く、つま先下がりになっているので、履いてまっすぐに立つと、やや前傾姿勢を余儀なくされる。

そして、この姿勢こそ、速く走るための理想のランニング・フォーム。つまり「靴の力」によって理想的なフォームが得られるというわけである。加えて、かかとに埋めこまれたカーボンプレートが疲労感を大幅に軽減してくれるというのだ。

これまでの箱根駅伝のシューズは薄くて反発性が高いものが主流だった。硬い靴底でアスファルトを蹴り上げると、それだけスピードが増すとの理屈である。ところが靴底が薄いと衝撃がダイレクトに足に伝わり、それだけ疲労度も高くなる。

厚底はその欠点を解消してくれるうえ、さらにカーボンの反発力をうまく捉えて走れるので、楽にスピードが出せる。もちろん疲労度も軽減されるのだから、多くの選手がこぞって「厚底」を履きたがるのは当然だった。

この結果が端的(たんてき)に現れたのが２０２０（令和２）年の第96回大会で東洋大の２区を走った相澤晃(あいざわあきら)だった。モグス（山梨学院大）が持っていた区間記録を７秒上回る１時間５分57秒の区間新記録を樹立。史上初めて２区を１時間５分台で走り切ったランナーとなり、金栗四三杯を受賞した。

時代は刻々と進化し、そのスピードはますます速くなるばかりだった。この第96回大会は「ナ

(3)エリウド・キプチョゲ…ケニア出身。２０１６（平成28）年のリオデジャネイロ五輪、２０２１（令和３）年の東京五輪の男子マラソン金メダリスト。男子マラソンの現世界記録保持者。

(4)大迫傑…東京都出身。第87、88回大会で１区を走り、区間賞。早稲田大卒業後は日清食品グループに所属するが、その後、ナイキ・オレゴン・プロジェクトに。２０２１（令和３）年の東京五輪男子マラソンで６位入賞。

イキの厚底」を履いた選手が10区間中9区間で区間賞を獲得。そのうち6区間で区間新記録をマークしている。箱根駅伝は「厚底シューズ」がトリガーとなって高速時代を通り越して、〝超〟高速時代に突入していったのだ。

その流れは、2022（令和4）年の第99回大会にはっきりと見て取れる。超高速時代の到来は一部の強豪校、ひと握りのスター選手の走りがクローズアップされた時代から、出場する大学、選手のほとんどが速く走れるようになってしまった「全員高速化」に大きく変化したのだ。東洋大の酒井俊幸（さかいとしゆき）監督がいうように「競争のレベルが変わってしまった」のである。

この大会、10時間台で走った大学は11校。10年前の第88回大会で、柏原竜二擁（よう）する東洋大が優勝したとき、たった1校だけ10時間台（2位の駒澤大は11時間0分38秒）だったのに、いまや10時間台で走ってもシード落ちしてしまう時代になってしまったのである。

また、繰り上げスタートを見ても、箱根駅伝出場校の「底上げ」は明らかだ。箱根駅伝は周知の通り、復路では先頭が通過してから20分を経過すると「繰り上げスタート」が実施される（往路は戸塚中継所までは10分、小田原中継所までは15分）。

一般道の交通規制の時間をできるだけ短縮するための警察の指導なのだが、第98回大会の繰り上げスタートは、8区から9区の戸塚中継所では日本体育大1校のみ。9区から10区の鶴見中継所では山梨学院大、日本体育大の2校だけだった。

優勝した青山学院大が2位の順天堂大に10分51秒の大差をつけ、史上最速の10時間43分42秒のタイムを叩き出したのに、後続もしっかり食らいついてきたのである。その典型が初出場で19位の駿河台大だ。最後まで1本の襷をつなぎきったのである。トップグループはもちろん、11位以下の大学も確実に力をつけているのが、このような現象にはっきりと表れている。

2023（令和5）年の第99回大会は駒澤大が通算8度目の優勝を手にした。2位は中央大、3位は青山学院大。以下4位・國學院大、5位・順天堂大、6位・早稲田大、7位・法政大、8位・創価大、9位・城西大と続き、数年前まではトップ集団の常連だった東洋大がシードぎりぎりの10位。その東洋大に1分32秒の差で涙を呑んだのが東京国際大だった。

すでに超高速時代に突入した箱根駅伝は、伝統校も新興校も関係ない、新しく参加してくる大学も含めて、混沌（こんとん）とした熾烈（しれつ）な競争の時代に突入しているのである。

9章——101回目からの箱根駅伝

◉2024年（第100回）〜

門戸開放で「全国化」は実現するのか？

２０２３（令和５）年6月28日付の新聞各紙のスポーツ面に派手な見出しが躍った。前日の27日、２０２４（令和６）年1月2日、3日に行われる第１００回箱根駅伝の出場校が、例年の20校から23校に増えるとともに、懸案だった「全国化」をとりあえず第１００回大会に限ることなどが明らかになったのである。

この決定に即座に反応したのが、青山学院大の監督、原晋だった。すぐにツイッター（現・X）を更新し、「まさに茶番劇に終わりそうな箱根駅伝の全国化問題。１００回大会の地方大学の参加、１０１回大会以降の参加継続はなし。すべて事後報告！　正月から国道1号線を利用させていただく国民的行事。加盟校のみならず、多くの国民のご意見に耳を傾けるべきだと思います」と疑問を呈した。

　もともと原は「完全な全国化」が持論だ。箱根駅伝は「日本全国の文化」として、地域の活性化、少子化対策のためにも「全国化」が欠かせないと訴え続けてきた。原は箱根駅伝の強豪校の監督の立場だけにとどまらず、各種団体のアドバイザー、スポーツ全般の解説者、評論家、パネリストなどの肩書を持ち、広く各方面で忌憚（きたん）のない意見を開陳（かいちん）している一種の「文化人」といってもいい人物。

　それだけに発言はメディアも大きく取り上げるし、逆に風当たりも強い。同日付の日刊スポーツ紙の見出しは「青学大原監督『まさに茶番劇に終わりそう』」の大きな縦（たて）見出しでこの決定を報じている。

　第１００回大会の予選会は10月14日に、例年通り東京・立川市で開催される。参加資格は、従来は関東学生陸上競技連盟（関東学連）に所属しているチームに限られていたが、第１００回大会は「公益社団法人日本学生陸上競技連合（日本学連）男子登録者で……」に変わった。つまり、関東以外の7つの地方学連（北海道、東北、北信越、東海、関西、中国四国、九州）に所属している大学も参加できることになったのだ。

　これは、原の提唱している「全国化」にはほんの少しだけ近づいたように感じさせる決定だったかもしれない。しかし、このやり方は、5年ごとの記念大会に限った枠拡大路線を踏襲（とうしゅう）したにすぎない感も否めない。肝心の第１０１回目以降の開催方法については「今後も検討を重ねてまいります」と含みを持たせた文言が付記されてはいたが、歯切れの悪い決定だったゆえに、原は「茶番だ」と憤ったのだ。

さらに「茶番」の詳細を指摘すれば、発表の時期が6月末なので予選会までの時間は3か月半しかない。それでなくても残りの13の枠をめぐって関東の各大学が熾烈な生き残り戦を展開するなかに、関東以外の大学が入って13位以内を目指すのは、けっしてやさしいものではない。もともと、箱根駅伝の出場資格がない大学は普段から「箱根」を想定したリクルーティングも練習もしていない。

せめて2年ぐらいの余裕があれば、それなりの準備はできるのだが、3か月半はあまりにも短すぎる。結果的に予選会に参加はしたものの、クリアした13校はすべて関東だった可能性も十分あり得るのだ。

この「全国化」のテーマは、１９６０年代にも一度俎上に載ったことがある。予選会への出場を他の地域の大学に門戸を開放する案が検討されたのだ。当然、反対意見も出た。理由は開催の主催権がどこに帰属するのか、だった。

つまり、他地域の大学が出場することとなれば、予選会の主催権は関東学連ではなく日本学連にならざるを得なくなるからだ。「だったら日本学連が別の大会を主催すればいいのでは」

という流れになって創設されたのが、１９７０（昭和45）年から始まった全日本大学駅伝なのである。

「小難しいことをごちゃごちゃ言ってないで、広く全国に門戸を開放すればいいのでは」とテレビ桟敷（さじき）で箱根駅伝を楽しんでいる多くの視聴者は思うはずである。ましてや原のいうように、国民の共有財産である公道を一部の団体が独占的に使用する現在のかたちも、よく考えてみれば不公平だ。

箱根駅伝が、財政的にも潤沢（じゅんたく）である現状はまぎれもない事実。しかし、半面その「潤沢」のもとになっているのは、テレビの視聴率であり、その後ろにはスポンサーの存在が厳然と存在する。

そのスポンサーは全国区でビジネスを展開している。スポンサーは開催要項に表立っては口をはさめないが「全国化」にしたほうがいいに決まっている。放送している日本テレビ系列の各局も、地元のスポンサーを獲得しやすくなるはずだ。

１０１回目以降の開催要項をどうするかの結論はなかなか出ないし、出せないだろう。第１００回大会には現在、関西学連所属の立命館大と関西大が予選突破を目指しているとの情報もある。

もし、関東以外の大学が本戦に出場し、そしてシード権以上の成績を挙げたら……第１００

回大会は、そう考えると歴史のエポックメーキングな大会になるかもしれない。

箱根駅伝は「日本マラソン低迷の元凶」なのか？

2005（平成17）年、『駅伝がマラソンをダメにした』（光文社新書）と、何ともショッキングなタイトルの本が出版された。著者はスポーツライターとして著名な生島淳氏[1]。箱根駅伝ウォッチャーのひとりであり、駅伝関係の著作も複数上梓している。

少し説明を加えると、駅伝とは「箱根駅伝」であり、マラソンとは、その前に「日本の」が付く。つまり、箱根駅伝が日本マラソン・ランナーの世界での競争力を阻害しているのでは、という仮説にもとづいた考察である。

しかし、内容をよく読んでみると箱根駅伝そのものではなく、この巨大イベントの副次的な影響を憂いているように感じとれる。つまり、日本テレビによる完全中継→常時25%を上回る高視聴率→長距離を目指す高校生選手の多くが関東の大学を目指す→テレビに映る本番で勇姿を見せたい→そのための過剰な練習で故障が生じる→目的が箱根駅伝なので4年で燃え尽きてしまう→その結果、真剣にマラソンに挑戦する逸材がなかなか生まれない——という論で、それなりに説得力があった。諸悪の根源は箱根駅伝というよりも、テレビで高視聴率を稼ぐ怪物的なイベントにあるという筆致だった。

別にテレビの肩を持つわけではないが、民間放送会社の金科玉条は広告収入。その基準として唯一無二の視聴率を稼ぐために、さまざまな努力を怠らないのも、テレビ・メディアとしては〝善行〟なのである。

確かに当時の箱根駅伝では、いわゆる燃え尽きてしまった選手が目立ったのも事実だった。1994（平成6）年の第70回大会で1区を、第69回、71回、72回大会で2区を走り、2度区間新記録をマークした早稲田大の渡辺康幸は、卒業前に予定していた東京国際マラソンを欠場。エスビー食品入社直後には1996（平成8）年のアトランタ五輪の10000m代表に選ばれたが、左アキレス腱のケガで欠場。29歳で現役を引退した。

「シン・山の神」として2009（平成21）年の第85回大会での東洋大初優勝に大きく貢献して一躍ヒーローになった柏原竜二も、卒業後富士通に入社したが、アキレス腱痛などあいつぐ故障に悩まされ、27歳で引退を余儀なくされ、現在はスポーツ解説者になっている。このような事例を見てみると、マラソンをダメにしたのは、なるほど箱根駅伝なのかもしれないと思ってしまうが、逆の事例も存在する。

(1)生島淳…1967（昭和42）年、宮城県出身。早稲田大学社会学部卒業後、広告代理店勤務と並行してスポーツライターとして活動し、1999（平成11）年に独立。著書は『大国アメリカはスポーツで動く』（新潮社）など多数。

青山学院大の吉田祐也は3年生まで箱根駅伝を走らせてもらえなかった。しかし、4年になった２０２０（令和2）年の第96回大会で4区に抜擢され、区間新記録を叩き出して優勝に大きく貢献した。その1か月後の別府大分マラソンで、初マラソンとしては歴代2位の2時間8分30秒を記録した。

それまでは、選手生活は大学4年間で終わるつもりだった吉田は、周囲に説得され、卒業後はＧＭＯアスリーツ[2]に所属。マラソン挑戦2回目になる２０２０年12月の福岡国際で、2時間7分5秒の好タイムで初優勝を飾った。箱根の4年間で燃え尽きてしまうどころか、むしろ学生時代に箱根駅伝のレギュラーを目指して積み重ねた努力が、卒業間近になって花開いたと見ていいだろう。

過去のデータは「駅伝はマラソンをダメにしている」どころか「マラソンで世界を目指すなら箱根駅伝を走ろう」を示してもいるのだ。２００８（平成20）年の北京から２０２１（令和3）年の東京まで、過去4回のオリンピックで男子マラソンに出場した選手12人はすべて箱根駅伝経験者だ。

各オリンピックでの最高成績は、北京は緒方剛（山梨学院大）が13位、ロンドンでは中本健太郎（拓殖大）が6位入賞。リオデジャネイロは佐々木悟（大東文化大）が16位、そして東京では大迫傑（早稲田大）が6位入賞と、けっして悲観的な順位ではない。さらに、２０２３（令和5）年3月に行われた東京マラソンでは、2021年の東京オリンピックでの大迫を上回るタイムで、山下一貴、其田健也のふたりが日本人として1、2位を占めた。ふたりとも駒澤大のOBである。

金栗四三の肝煎りで1世紀前に始まった箱根駅伝の究極の目的は「世界に通用する長距離選手を育成する」だった。確かに一時は箱根駅伝の〝派手さ〟ゆえに、多少「勘違い」した選手が出現した時期もあったかもしれないが、現在はデータを見る限り、所期の目的から少しもズレていない。

2023年3月5日の『Number Web』によると、青山学院大監督の原は「将来マラソンを志望する部員は、彼らだけでのミニ合宿を行っている」と述べているし、駒澤大の総監督大八木弘明も取材した生島氏に「ウチはマラソンやっているから。これからもどんどんやっていく」と語っている。

2019（令和元）年のMGC⑶にエントリーした31選手中、箱根駅伝経験者は25人を数え

⑵GMOアスリーツ…インターネット関連事業を展開しているGMOインターネットグループの陸上部。世界に通用するスポーツ選手の育成を目的に2016年に創設。

⑶MGC…「マラソン・グランド・チャンピオンシップ」の略称。日本陸上競技連盟が主催する、五輪のマラソン日本代表を選考する競技会。2019（令和元）年、東京オリンピック代表選考を目的に初開催。当日のレースで優勝した選手を無条件に日本代表に決定する。

ている。

トラック種目を席巻する「箱根ランナー」たち

戦前、慶應義塾大を中心に沸き起こった「駅伝害悪論」は「ロードを走ると足腰に負担がかかりすぎ、トラック種目にはマイナスになる」が最大の理由だった。

当時は現在のように走りを科学した結果にもとづいて開発・製造された靴がなかったので、このような理屈ももっともな面があったのだが、果たして、本当に箱根駅伝はトラック種目を軽視しているのだろうか。

確かにトラック競技に集中したいために、敢えて関東の大学に進学せず、高校から直接実業団入りする選手も少なからず存在する。しかし、これもマラソンと同様、データを見てみると、箱根駅伝出身の選手は案外トラック種目で好成績をあげているのである。

箱根駅伝を走る選手のトラック種目は大きく3つ。10000m、5000m、3000m障害だ。箱根経験者が過去のオリンピックでこの3種目にどれだけ出場していたかだが、まず、2021（令和3）年の東京オリンピックでは5000mが坂東悠太（法政大）、松枝博輝（順天堂大）のふたり。さすがに世界の壁は厚く、ふたりとも予選落ちしてしまったが、1000

０ｍに出場した相澤晃（東洋大）と伊藤達彦（東京国際大）は、それぞれ17位と22位。

３０００ｍ障害にも3人がエントリー。青木涼真（法政大）、山口浩勢（城西大）のふたりは予選落ちしたが、現役の順天堂大の2年生・三浦龍司が決勝に残り、7位に入賞したのである。

さらにその4年前のリオデジャネイロ五輪では、１００００ｍに出場した早稲田大ＯＢの大迫傑が17位（５０００ｍは予選落ち）と、トラック種目でもそこそこ健闘しているのである。

とくに三浦は現役の大学生。同じ年に箱根駅伝も走るし、オリンピックにも出るのだから「箱根駅伝はトラック的なスピードが身につかない」は当てはまらない。そもそも三浦の持ち味は、最後の1周のスプリントにあるからだ。

三浦はその後も成長している。２０２３（令和5）年6月10日に行われたダイヤモンドリーグ(4)パリ大会での３０００ｍ障害で2位に入った実績は特筆もの。このときの記録8分9秒91は自らが2年前の東京オリンピックで7位に入賞したときに出した自己の日本新記録を更新する快挙だった。

３０００ｍ障害は陸上競技のトラック種目のなかでは特異な存在である。テレビで観るより

(4)ダイヤモンドリーグ…ワールドアスレチックス（旧・国際陸上競技連盟）が主催する全14戦14都市で開催される陸上競技の世界最高峰のリーグ戦。２０１０（平成22）年に設立。男女各12種目が争われ、優勝者には賞金とダイヤモンドのトロフィーが授与される。

もはるかに深い水濠（すいごう）と、同じくはるかに高くて頑丈な固定障害を越えて走らなければならない。「（3000m障害は）総合的な力が必要です。障害を越す技術プラス強い下半身とスタミナ、それとスピード」と三浦はいう。だから「箱根駅伝に向けた練習は、スタミナ強化はもちろん、強靭（きょうじん）な脚力づくりという点でも、3000m障害のタフさを養うのに役立っている」と、トラックと箱根駅伝の両立に、むしろ肯定的な発言をしている（『Number Web』2022年12月7日より）。

8月22日（日本時間23日）にハンガリーのブダペストで行われた世界陸上(5)でも日本歴代最高の6位に入賞した三浦は、2024年、最後の箱根を走る。箱根駅伝を走るために、クロスカントリーをはじめとする変化に富んだコースを走りこむ普段の練習は、陸上のトラック競技、とりわけ3000m障害にはプラスにこそなれ、けっしてマイナスにはならない。何よりの証明は、起伏に富んだ大地を走っているアフリカ勢がこの種目の上位に居並んでいることだ。

留学生は「新興校の予選会突破」に欠かせない

かつて箱根駅伝では「ごぼう抜き」が一般ファンにとっての見所のひとつだった。そして、その主役はアフリカからの留学生の印象が強い。箱根駅伝で優勝やシード権獲得を目指すためには、留学生は手っ取り早い「即戦力」と見られていた。プロ野球における「助っ人外国人」と同じ位置づけである。

しかし、現実はそれほど甘くはなかった。これまで留学生を擁して優勝したのは、山梨学院大1校のみ。それもいきなりアフリカから連れて来たのではなく、日本の風土とチームに溶けこむように付属の高校に入学させ、じっくり時間をかけて、チームの一員になるように育成してきた戦略が結実したのだった。

山梨学院大が最後に優勝したのは1995（平成7）年の第71回大会。このとき2年連続3度目の総合優勝の立役者は、前年同様、ケニアからの留学生ステファン・マヤカだった。つまり、箱根駅伝ではここ四半世紀以上のあいだ、留学生を擁して総合優勝を成し遂げた大学が出現していないのである。

留学生の出場は「手っ取り早く好成績を確保するため」の〝狡い〟戦略だと見る向きも確かにある。しかし、どの大学もひとつでも順位を上げたいし、箱根駅伝に縁のなかった大学は、そもそも憧れの箱根駅伝に何としても出たいのである。だから、放っておくとメンバーの半分近くが留学生で占められてしまう危惧も、あながち冗談ではなくなってしまう。まるでモンゴ

(5)世界陸上…正式名称は「世界陸上競技選手権大会」。奇数年の8月、9月に開催される、陸上競技における世界最高峰の大会。1983（昭和58）年にフィンランドのヘルシンキで第1回目が開催された。

ル出身者で番付の上位が占められていた、一頃の大相撲状態になりかねない。

そこで、留学生については、2006（平成18）年の第82回大会からは16名のエントリー時点では2名まで登録可能だが、実際に本番で走れるのはひとりだけ、というルールが、前年の予選会から適用されるようになった。

留学生は箱根駅伝だけではなく、高校駅伝も席巻した。毎年12月に京都市の「都大路」を舞台に開催される全国高等学校駅伝競走大会で1992（平成4）年、宮城県代表の仙台育英がケニアからの留学生を初めて走らせたのだ。そして、翌1993（平成5）年ではふたりの留学生を加えて編成した同校が、男女ともに優勝を飾ったのである。

当然、留学生の数を制限する規則がつくられた。その結果、走れる留学生はひとり、最長区間の1区（男子10㎞、女子は6㎞）は走れない、などのルールが確立されて、今日に至っている。

少子化の時代、全国の私立高校は、経営的にも生徒を一定数確保しなければならない。野球部、サッカー部、吹奏楽部が、50人以上の部員を擁する大所帯になるのはそのためである。テレビで放映されるスポーツ・イベントに出場し、好成績を収めることは、イメージ的にも経営的にも、恰好の「宣伝の場」で、大げさにいえば、学校経営の生き残りをかけた戦いの場でもあるのだ。

もちろん新興の私立大学も同じである。というわけで、現在の箱根駅伝は、本戦よりもむしろ予選会に出場する大学に留学生が増えている現象が起きている。

2023（令和5）年の箱根駅伝第99回大会では7校が留学生を擁して参加したが、シード権を獲得できたのは8位の創価大と9位の城西大の2校のみだった。2022（令和4）年の10月に行われた第99回大会の予選会では、参加44校中15校が留学生を擁したが、予選を通過したのは4校（大東文化大、城西大、山梨学院大、国士舘大）にすぎなかった。

過去10年間の予選会をクリアできなかった「残念組」の上位10校を見てみると、とくに近年、何とかして箱根駅伝の本戦に出場したい大学での留学生が目立っている。第99回大会の予選会では、これまで箱根を一度も経験していない日本薬科大（予選16位）のノア・キプリモ（ケニア＝個人成績7位）がいた。予選会での個人成績1位は、ケニアのチャールズ・カマウだったが、所属する武蔵野学院大はまだまだ箱根駅伝には手が届かない32位だった。

このように、これまで一度も箱根駅伝に出場していない大学で、何とか予選会で上位に食いこみたいのだが、その実力が十分についていないと思われる大学、具体的には、予選会21位以下の、5〜10年後の将来を見据えた「これから組」に留学生が目立っているように思える。第98回大会では、23位の日本薬科大、24位の武蔵野学院大、29位の桜美林大。第97回大会では23位の平成国際大などである。

留学生はいまや箱根駅伝で超人的な走りを披露してくれる〝旋風〟ではなく、今後ステップアップを計画している、プロ野球でいえば「育成」レベルのチームの原動力になっているようだ。この先、110回大会あたりから、彼ら「シン・新興戦力」の「成果」が出てくるかどうか。そういう意味でも予選会からは目が離せない。

伝統を守るか、マンネリ打破か…箱根駅伝の未来は

2017(平成29)年の第93回大会から2023(令和5)年の第99回大会までの7年間、箱根駅伝の初出場校は1校しかない。2022(令和4)年の第98回大会の駿河台大である。同大学は箱根駅伝開始以来44校目の初出場校で、それ以前は2015(平成27)年、第92回大会の東京国際大(17位)、第91回大会の創価大(20位)がある。このように近年、新しい大学が箱根駅伝に出場するためのハードルはきわめて高くなっている。

2012(平成24)年から駿河台大の監督を務めている徳本一善は、2000(平成12)年の第76回大会で法政大の1区を激走して区間新記録をうち立てた花形選手。トレードマークは茶髪にオークレーのサングラス。持ち前の「ビッグマウス」とあいまって「ビジュアル系ランナー」としてメディアに積極的に取り上げられた華やかな過去を持っている。

駿河台大は埼玉県飯能市に本部を置く大学で、創立は1987(昭和62)年と若い。団塊の

世代にはおなじみの駿台予備校から発展した学校法人駿河台学園が設立した大学である。少子化時代の昨今、大学の生き残りをかけ２０２０（令和２）年にはスポーツ科学部が設置されたので、箱根駅伝の強化は大学全体の「経営方針」のひとつであることがわかる。

徳本は監督を引き受けた当初「（箱根駅伝出場は）５年後を目指しますけど、10年はかかると思います」と大学側にはっきり告げている（まるごと大学スポーツメディア『4Years.』より）。つまり、箱根駅伝への出場は端で考えるほどなまやさしいものではないといいたかったのだ。

合宿所、グラウンドなどのハード面への大学側の出資は当然として、肝心なのは強い選手をどれだけ集められるか。そのためのツテとコネと名声と特待生制度などの待遇が何より重要になってくる。

かつてのスター選手である徳本に白羽の矢が立ったのはそのためだったのだが、それでも初出場までには11年かかった。これは、原晋率いる青山学院大の場合と同じである。

リクルート面からするとやはり大学が持っているブランド力は強みのひとつ。駿河台大のような新興勢力はそれだけでもハンディキャップを背負っている。

しかし、新陳代謝のない集団に発展性が期待できないのは古今東西の歴史が証明している。箱根駅伝の歴史を見ても、大東文化大、山梨学院大、順天堂大などの参入があったからこそ、今日の隆盛がある。２０２３年で１０５回目を迎えた全国高校野球選手権大会も、最多優勝は中京大中京で7回でしかない。

マンネリ化は必ず人心の離反を招く。箱根駅伝も例外ではない。高視聴率に胡坐をかき、組織が排他的になり、結果としてシード校が固定化してしまうようになると、現在の人気を果たして維持していけるのか、疑問を感じざるを得ない。

だからいまのうちに対策を打つ必要があるのではないだろうか。青山学院大の原は自著『勝ち続ける理由』（祥伝社新書）のなかで「ハッピー大作戦」と名付けた改革案を提示している。陸上競技〝業界〟にどっぷり浸かった関係者が一笑に付しそうな内容だが、成功した改革や新規事業の多くは当初からもろ手を挙げて賛成された事案はきわめて少ない。ソニーの「ウォークマン」は「音楽は部屋のステレオで聴くものなのだよ」と社内で一笑に付されたことはあまりにも有名な話である。

「物言う監督」原は積極的に提案する。「復路の一斉スタートを現在の10分から13分に繰り下げれば、熾烈な10位以内の攻防、つまりシード権争いがビジュアル化されて、見ている人にはよりわかりやすくなる」。

ほかにも、「スタート、ゴール地点、中継所に観客席のスタンドを設ける」。さらに「大学と実業団の対抗駅伝を3月に実施したらどうか」との〝夢物語〟も真面目に提案している。

おそらく「できない」理由はごまんと出てくるだろう。現実的な課題としては、駅伝競技は公道を使用するため、警察は絶対に許可しないはずだ、との決めつけだ。しかし、かつて東京都内でのマラソンは「警察の意向が働いて絶対に不可能」といわれた時代があったのも、いまでは多くの人が忘れている。

確かに「制約」はあるかもしれない。「伝統」を守っていくことも重要かもしれない。しかし、他のスポーツを見てみれば、伝統の塊のような大相撲でさえ、すでに１９５２（昭和27）年に観客が見やすいように土俵上の屋根を吊り屋形にしたし、ビデオ判定をいち早く導入して場内に審判長が説明するサービスも１９６９（昭和44）年から始めている。

すでにナショナル・パスタイム（国民的娯楽）として定着した箱根駅伝も、沿道に詰めかける１００万人以上といわれるファン、テレビ桟敷で観戦している多くの国民の立場に、少しは立ってみる必要があるのではないか。

そのなかから次代を背負う長距離ランナーが誕生してくる。これから「箱根」を目指す新興勢力も、現在強豪校といわれる大学も、箱根駅伝に出場する選手も、指導者も、関係者も、メディアも、これから箱根を目指す選手も、１０１回目からの箱根駅伝をどのようにしていきたいかを、真剣に想像してみるのもけっして無駄ではないはずだ。

◉参考文献

『箱根駅伝70年史』関東学生陸上競技連盟編（関東学生陸上競技連盟）
『箱根駅伝 世界へ駆ける夢』読売新聞運動部（中央公論社）
『箱根駅伝95年 襷がつないだ友情・伝統・涙の記憶』別冊宝島編集部編（宝島社）
『箱根駅伝100年 襷の記憶』（ベースボール・マガジン社）
『箱根駅伝名場面100選 1920～2014』（ベースボール・マガジン社）
『箱根駅伝 襷をつなぐドラマ』酒井政人（角川oneテーマ21）
『箱根駅伝 ナイン・ストーリーズ』生島淳（文春文庫）
『箱根駅伝』生島淳（幻冬舎新書）
『駅伝がマラソンをダメにした』生島淳（光文社新書）
『箱根駅伝 強豪校の勝ち方』碓井哲雄（文春新書）
『逆転のメソッド 箱根駅伝もビジネスも一緒です』原晋（祥伝社新書）
『勝ち続ける理由』原晋（祥伝社新書）
『あまりに細かすぎる箱根駅伝ガイド！ 2023＋ニューイヤー駅伝』（ぴあ）
『箱根駅伝に賭けた夢「消えたオリンピック走者」金栗四三がおこした奇跡』佐山和夫（講談社）
『早稲田大ウィークリー』2003年5月8日号「監督篠田正浩～挫折が一番人間を鍛える」
『山梨学院大トピックス』2006年9月1日号
『東京箱根間往復大学駅伝競走公式サイト』
『J-CASTニュース』
『まるごと大学スポーツメディア 4 years.』
『REAL SPORTS』

箱根駅伝100年史

2023年９月20日　初版印刷
2023年９月30日　初版発行

著者◉工藤隆一

企画・編集◉株式会社夢の設計社
東京都新宿区早稲田鶴巻町543　〒162-0041
電話（03）3267-7851（編集）

発行者◉小野寺優

発行所◉株式会社河出書房新社
東京都渋谷区千駄ヶ谷2-32-2　〒151-0051
電話（03）3404-1201（営業）
https://www.kawade.co.jp/

DTP◉イールプランニング

印刷・製本◉中央精版印刷株式会社

Printed in Japan　ISBN978-4-309-50447-6

河出書房新社

「半島」の地政学

クリミア半島、朝鮮半島、バルカン半島…
なぜ世界の火薬庫なのか？

内藤博文

「半島」の地政学
クリミア半島、朝鮮半島、バルカン半島…
なぜ世界の火薬庫なのか？
内藤博文
KAWADE夢新書

半島はなぜ、
覇権の思惑が
激しく交錯するのか？

その地勢と
歴史から生まれる
各国の思惑とは？